Kommt, wir feiern Weihnachten

Herausgegeben von
Birgit Schreiber

Gütersloher Verlagshaus

Inhalt

Licht
Die zweite Woche im Advent

Stille
Die dritte Woche im Advent

Aufbruch
Zwischen den Jahren

Warten

Vom Zauber des Wartens

Wer kennt sie nicht – die aufgeregte Ungeduld, mit der wir auf ein besonderes Ereignis warten: die Rückkehr eines geliebten Menschen, eine wichtige Nachricht oder ein großes Fest. Und je länger wir warten müssen, umso intensiver wird die Zeit „davor". Wieder und wieder prüfen wir, ob auch alles vorbereitet ist, und versuchen das bevorstehende Ereignis in Gedanken vorwegzunehmen.

Genau das bedeutet „Advent": sich vorbereiten auf das Weihnachtsfest, an dem wir die Ankunft des Christkindes, die Geburt Jesu Christi feiern.

Die Adventszeit beginnt mit dem 4. Sonntag vor Heiligabend. Für Kinder bedeutet dies eine lange Zeit des Wartens, was ihnen nicht immer leicht fällt. Voller Vorfreude und Ungeduld fragen sie: „Wann ist endlich Weihnachten?" Wie gut, dass es so viele Rituale und Bräuche gibt, die das Warten verkürzen helfen: Da wird das Haus mit Kerzen und Lichterketten, mit Tannengrün, Sternen und Engeln festlich geschmückt. Besondere Düfte ziehen durch das Haus: nach Bratäpfeln und Kerzenwachs, Plätzchen und Weihnachtsstollen. In manchen Familien wird eine Weihnachtskrippe aufgestellt und ein Weg markiert, auf dem Maria und Josef jeden Tag ein Stückchen näher zum Stall ziehen: Jeden Tag kommt eine weitere Figur dazu oder wird ein Teelicht mehr angezündet. Und dann ist da noch der Adventskranz, an dem als sichtbares Zeichen für das herannahende Weihnachtsfest Sonntag für Sonntag eine Kerze mehr erstrahlt und sie so zu einem besonderen Festtag werden lässt. Ganz gleich, welche Rituale in der Familie Tradition haben, sie tauchen die Adventszeit in einen ganz besondern Zauber, von dem sich nicht nur die Kinder gerne gefangen nehmen lassen. Denn wenn wir beobachten, wie sich mit jedem Türchen, das sie am Adventskalender öffnen, mit jeder weiteren Kerze, die angezündet wird oder mit jeder Geschichte, die wir ihnen vorlesen, die Erwartung auf den Weihnachtsabend steigert, wird deutlich, was Advent als Zeit des Wartens bedeutet: sich öffnen, gespannt sein auf das, was kommt. Denn neben aller Angst vor Enttäuschung trägt das Warten immer auch die Hoffnung in sich, dass unsere Wünsche und Sehnsüchte erfüllt werden.

Zwischen irgendwann und Weihnachten

Es war einmal ein kleiner Junge, der wusste schon ganz lange vor Weihnachten, dass bald Weihnachten sein würde. Woher er das wusste? Das war nicht schwer zu merken, denn in den Straßen leuchteten tausend Lichter, in den Kaufhäusern hingen Tannenbäume von den Decken und seine Mutter schimpfte im Drogeriemarkt, dass vor lauter Adventskrempel überhaupt kein Durchkommen mehr sei.

Da wurde der kleine Junge immer aufgeregter und auch ein bisschen blasser und fragte siebzehnmal pro Tag, wann denn endlich das Warten auf Weihnachten, der Advent, beginne. Um ihm die Zeit ein bisschen abzukürzen, erzählte ihm seine Mutter von dem Jungen Jeremy James, der schon vor langer Zeit herausgefunden hatte: Das Dumme an Weihnachten ist die Zeit dazwischen. Zwischen irgendwann und Weihnachten, denn „wenn nichts dazwischen wäre, hätten wir jetzt Weihnachten und ich brauchte nicht auf meine Geschenke zu warten".

Das fand der kleine Junge auch und die Zeit war immer noch furchtbar lang. Da erzählte die Mutter weiter: von dem Nikolaus, der über Nacht komme und ihm etwas in den Stiefel stecke, falls er nicht vergesse, ihn vor die Tür zu stellen. Der kleine Junge guckte besorgt, denn alles, was über Nacht passieren kann, ist ihm sehr unheimlich. Dann aber dachte er an das vergangene Jahr, an die Marzipankartoffeln und Schokoladenkugeln in Papas Skistiefel, den er hatte ausleihen dürfen, weil der am allergrößten war. Da fand er den Nikolaus wieder sympathischer. Immer wieder wachte er nachts auf, weil er im Treppenhaus Schritte gehört hatte. Ein bisschen unausgeschlafen fühlte sich die Mutter in dieser Zeit, aber das ging ihrem Sohn ähnlich. Im Kindergarten sang er täglich Morgenkinderwird'swasgeben und stritt sich mit einem anderen kleinen Jungen, dessen Mutter behauptet hatte, der Nikolaus komme durch den Schornstein. Das empörte ihn, denn der Nikolaus sei doch viel zu groß und sein Sack viel zu dick, um durch den engen Schornstein zu passen. Die Mutter gab ihm Recht und dachte darüber nach, dass die Weihnachtszeit eigentlich erst mit Kindern wieder so richtig schön sei. Abends las sie dem kleinen Jungen ein Bilderbuch vor, die Geschichte von dem Zoo-Pinguin, der zum Nordpol fährt, um den Weihnachtsmann zu besuchen. Als sie zu Ende waren, saß der kleine Junge eine Zeit lang ganz still, was selten genug vorkommt, und sagte dann fast weinerlich: „Aber, Mama, du hast mir erzählt, der Weihnachts-

mann wohnt im Himmel bei den Engeln und die backen jetzt ganz viel Plätzchen und der Weihnachtsmann darf als Einziger naschen. Und von einem Schlitten mit Rentieren davor und dem Nordpol mit Eis und Schnee hast du überhaupt nichts erzählt."

Da saß die Mutter auch ganz still und fand, dass die Zeit dazwischen wirklich ganz schön lang sei, aber das sagte sie nicht. Sondern murmelte was von Dingen, die auch die Erwachsenen nicht so genau wüssten.

„Und warum", beharrte der kleine Junge, „haben wir dann meinen Wunschzettel auf die Fensterbank gelegt und Himmelspforte 7 draufgeschrieben, wenn du die Adresse auch nicht so genau weißt? Und warum sagt die Oma, dass bald das Christkind kommt und die Geschenke bringt? Das liegt doch in der Krippe mit Heu und ist noch ein Baby. Muss dann der Gott die Geschenke mit tragen helfen? Und fährt der mit dem Jesusbaby auch auf einem Rentierschlitten?"

Doch noch bevor die Mutter all die möglichen Antworten in ihrem Kopf hin- und herdrehen konnte, waren dem kleinen Jungen die Augen zugefallen, und das war vielleicht auch besser so. Seine Mutter saß ratlos auf der Bettkante und wusste nicht mehr aus noch ein inmitten all der Weihnachtsgeschichten. Und wenn nicht endlich Heiligabend geworden ist, dann sitzt sie heute noch da.

Iris Mainka

Wissenswertes
rund um den „Advent"

Advent:

Das Wort „Advent" leitet sich von dem lateinischen Verb „advenire" = „ankommen, herankommen, sich nähern" ab und bedeutet „Ankunft". Ursprünglich stand „Adventus" für die Glaubenshaltung der ersten Christen, die hoffnungsvoll auf die Ankunft bzw. Wiederkehr des Messias warteten. Als diese ausblieb, wandte sich der Blick rückwärts und die Erinnerung an die Geburt Jesu Christi, quasi als Beginn des Heils, wurde immer wichtiger. Jetzt wurde die Vorberei-tungszeit auf das Weihnachtsfest, in der die Christen sich innerlich sammeln und fasten sollten, zum „Advent". Schon um 600 n. Chr. legte Papst Gregor der Große die Advents-liturgie in ihren Grundzügen fest. Unter anderem verkürzte er die anfangs sechs-wöchige Adventszeit auf die letzten vier Sonntage vor Heiligabend. Im Laufe der Zeit wurde aus der Bußzeit immer mehr eine Zeit der freudigen Erwartung. Der 1. Advent markiert den Beginn des Kirchenjahres.

Der Adventskalender:

Die Wurzeln des Adventskalenders reichen bis ins 19. Jahrhundert zurück. Viele Eltern ließen sich für ihre ungeduldig wartenden Kinder alle möglichen Dinge einfallen, die halfen, den Ablauf der Zeit bis zum Fest zu veranschaulichen: So durften die Kinder nach und nach 24 Bilder an die Wand hängen, jeden Tag eins von 24 Gebäckstücken aufessen, einen Strohhalm in die Krippe legen oder von 24 an die Türe gemalten Kreidestrichen einen wegwischen.

Der erste gedruckte Adventskalender in Form einer Weihnachtsuhr erschien 1902. 1908 gab Gerhard Lang einen Bilderbogen mit 24 Bildern heraus, die ausgeschnitten und auf einen Pappkarton geklebt werden konnten. Und ab 1920 trat der erste Adventskalender mit Türen seinen internationalen Siegeszug an. Der erste mit Schokolade gefüllte Kalender ist bereits für das Jahr 1958 belegt.

Heute gibt es die unterschiedlichsten Ausführungen von kommerziellen Adventskalendern: angefangen bei Bild-, Schokoladen- und Spielzeugkalendern bis hin zu interaktiven Kalendern im Internet. Eine schöne Alternative sind Adventskalender-Bücher mit Geschichten für jeden Tag des Advents.

Der Adventskranz:

Die Geschichte des Adventskranzes ist noch relativ jung. Entstanden ist er Mitte des 19. Jahrhunderts im „Rauhen Haus", einer Anlaufstelle für sozial gefährdete Jugendliche in Hamburg. Bei den täglichen Adventsandachten, die dessen Gründer, der evangelische Pfarrer Johann Hinrich Wichern, dort hielt, wurden seit 1839 stets Kerzen angezündet: jeden Tag eine mehr! Ein Freund Wicherns hatte für die 24 Kerzen einen wagenradgroßen Holzring gefertigt, den die Jugendlichen Jahre später (um 1860) mit Tannenzweigen schmückten.

Dieser Brauch eines adventlichen Lichterkranzes fand großen Anklang.

Doch erst nach dem Ersten Weltkrieg kam der Adventskranz, so wie wir ihn heute kennen, auch in die Familien. Seine Kreisform, die an den antiken Siegeskranz und den heidnischen Ringzauber erinnert, sowie seine immergrünen Zweige symbolisieren Sieg, Vollendung, Hoffnung und Leben. Die vier Kerzen stehen für die vier Adventssonntage und verweisen zugleich auf Christus als das Licht der Welt.

Keine Gefahr für Zwerge

Tobi hat einen Adventskalender geschenkt bekommen. Jedes Jahr kriegt er einen, das muss ja so sein. Aber in diesem Jahr ist er besonders schön, findet Tobi.

Weil da so ein Haufen zipfelbemützter Zwerge fröhlich im Schnee herumflitzt und der Schnee glitzert und die Bäume im Wald auch, was sie ja in echt nicht tun. Auf dem Adventskalender aber schon. Und die Zwerge haben watteweiche Bärte aus watteweicher Watte und in ihren Zipfelmützen versteckt sind die kleinen Türen zum Aufklappen. Das größte Türchen, das, was man erst am Weihnachtstag öffnen darf, ist sogar ein beinahe echtes Holztürchen in einer Hütte. Wo wahrscheinlich die Zwerge wohnen. Schön, so ein Kalender, und da hängt er jetzt, über dem Bett von Tobi, und Tobi kniet davor, im Bett, auch wenn noch lange nicht Schlafenszeit ist, und schaut sich den Kalender noch mal von vorn an. Und zum hundertsten Mal fragt er die Mama: „Wann darf ich das erste Türchen aufmachen?" Und Mama antwortet zum hundertsten Mal: „Morgen, Tobi, morgen!"

Tobi seufzt. Morgen ist morgen und leider nicht heute und bis morgen ist noch urlange hin. Wie soll er denn schlafen mit all den zugeklappten Türchen über seinem Kopf, wo man doch gar nicht weiß, was da dahinter steckt?

Tobi seufzt noch mal und probehalber tippt er auf eine Zwergenmütze, wo deutlich ein Türchen versteckt ist. „1" steht da drauf und das Türchen bleibt zu bis morgen. Leider …

Tobi seufzt ein drittes Mal. Und wenn er jetzt bloß so ein bisschen, wirklich nur ein bisschen an der Tür rumzupft? Die muss ja nicht gleich ganz aufgehen, nur so, dass man gerade in bisschen reingucken kann.

Aber ehe Tobi das beschließt, haben seine Finger was ganz anderes beschlossen, ganz von selber, ehrlich! Sperrangelweit steht das Türchen offen und Tobi starrt verblüfft auf eine Glitzermaus. Die glitzert ihm geradewegs freundlich ins Gesicht und plötzlich weiß der Tobi: Die ist richtig froh, dass sie jetzt so rausglitzern darf. Die wäre ja eingesperrt gewesen bis morgen, die arme Maus! So was ist nicht gut für Mäuse, die müssen doch hüpfen dürfen.

Tobi grinst die Maus an, die grinst zurück, ganz bestimmt. Und was das heißt, das weiß man ja: Vielen Dank, Tobi!

Jetzt gibt's für Tobi kein Halten mehr. Ihm ist klar, er muss noch viele Türchen öffnen, wahrscheinlich sogar alle. Weil, dahinter, da sind sicher noch mehr so Glitzertiere eingesperrt und warten auf den Tobi. Eingesperrte Tiere, das darf nicht sein. Das sagt ja auch immer die Mama und der Papa sagt es auch. Tobi schnauft und schnell öffnet er eine an-

dere Tür in einer anderen Zwergenzipfel-
mütze. Aber da glitzert ihm leider nur eine
Banane entgegen, und dass Bananen
raushüpfen wollen, das hat er ja noch nie
gehört.

Aber hinter der nächsten Tür, das ist dann
ganz bestimmt … Nein, ist es nicht. Da
glitzert eine rote Kerze, der ist die Tür egal.
Und hinter der nächsten Tür, da glitzert bloß
ein Auto und dann eine Torte und dann zwei
Kerzen und und und! Überhaupt kein Tier
mehr, was seine Freiheit will.

Tobi auf dem Bett schnauft tief. Fast alle
Türchen sind geöffnet. Bis auf eines, die
allergrößte Tür, die Tür vom Weihnachtstag
in der Hütte der Zwerge.

Und wenn dahinter jetzt Wölfe sind?
Die wollen raus in den Wald, unbedingt!
Die haben Hunger, das haben Wölfe doch
immer, das weiß man ja. Dann treffen sie
die Zwerge … und dann geht's den Zwergen
gar nicht gut. Schnapp, schnapp, die werden
gefressen! Was soll er denn jetzt machen, der
Tobi da in seinem Bett. Drinlassen? Raus-
lassen? Warten bis zum Weihnachtstag und
erst dann werden die Zwerge gefressen?
Tobi stöhnt. Hilft ihm hier denn keiner?
Alles muss man selber machen … und er
hofft, wenn er jetzt ganz schnell die Tür
aufmacht, dann sausen die Wölfe raus und
können erst nichts sehen. Weil der Schnee

so glitzert. Und alle Zwerge flitzen rein. Und
zu die Tür, und die sind drinnen und die
Wölfe draußen und die Maus hat's auf einen
Baum geschafft.

Tobi tastet nach der Tür, presst die Augen zu,
die Tür geht auf … gleich hört er Wolfsge-
heul. Und Tobi steckt den Kopf in die Kissen
und horcht. Nichts hört er! Und er blinzelt
vorsichtig raus … kein Wolf im Wald,
nirgends! Ein Glitzerengel steht in der
Hüttchentür, die Flügel weit ausgebreitet,
und lächelt Tobi an. Tobi atmet tief auf und
grinst zurück! Engel fressen keine Zwerge,
das weiß doch jeder! Tobi legt sich längelang
aufs Bett und betrachtet seinen schönen
Adventskalender. Der ist verrutscht, er rückt
ihn gerade. Und dann drückt er langsam und
sorgfältig alle Türchen wieder zu. Jetzt kann
er ganz beruhigt jeden Tag ein Türchen
öffnen. Und sich drauf freuen, die Maus zu
treffen.

Und wo die Banane glitzert und die Torte,
das hat er doch sowieso schon vergessen.
Hauptsache, keine Gefahr für die Zwerge.
Aber fürs nächste Jahr, da
wünscht er sich dann doch …
vielleicht, ein bisschen …
einen Adventskalender,
wo Wölfe brüllen und
er dann retten kann!

Gudrun Mebs

Es muss nicht immer Schokolade sein: Adventskalender selbst gemacht

Trotz des überreichen Angebots an Adventskalendern auf dem Markt ist ein selbst
gemachter kaum zu übertreffen.
Dabei sind der eigenen Phantasie keine
Grenzen gesetzt.
Je nach Zeit und Bastelfreude können
einfach 24 eingepackte kleine Geschenke
an eine dekorative Schnur, einen kräftigen
Tannenzweig, einen Nikolausbaumstamm
oder einen Bilderrahmen gehängt werden.
Kleine Überraschungen können aber auch
in selbst genähte Filzstiefelchen, Streich-
holzschachteln oder einer phantasievoll
kreierten Winterlandschaft versteckt werden.

Und was die Füllungen angeht, so freut sich
manches Kind mehr, wenn es anstelle von
Schokolade oder Kleinigkeiten wie Mini-
puzzle, Badetabletten, bunte Teelichter,
Glasmurmeln etc. einen Gutschein für eine
gemeinsame Aktion findet: einen Ausflug
auf die Schlittschuhbahn oder ins Puppen-
theater. Eine andere schöne Tradition ist es,
wenn im selbst gemachten Kalender hin und
wieder eine neue Krippenfigur auftaucht,
die das Kind dann aufstellen darf.

Überraschungs-Tüten

Das wird gebraucht:

24 Frühstücks-Tüten, 12 x 20 cm

Filz in Weiß, Hellblau, Türkis,
Gelbgrün, Hellgrün, Mittelgrün,
Rot, Pink, Orange

Mini-Wäscheklammern in Grün

Bunte Moosgummizahlen

2 cm Zackenschere

Bürolocher

Filzstift in Schwarz

So wird's gemacht:

Die kleinen Motive mehrfach auf Bastelfilz
übertragen und ausschneiden. 8 x 11 cm große
Filzplatten zuschneiden. Die Motive mit wenig
Weißleim aufkleben und die Bildplatten auf den
Tüten anbringen. Weiße und hellblaue Filzpunkte
mit dem Bürolocher ausstanzen und damit die
Bilder und Tüten dekorieren. Die Tüten füllen,
am oberen Rand umfalten, mit Wäscheklammern
verschließen und mit bunten Moosgummizahlen
dekorieren.

Barbaratag (4. Dezember)

„Kein Mensch ist des anderen Eigentum"

Die Legende der heiligen Barbara

Barbara lebte zur Zeit der Christenverfolgung im 3. Jahrhundert n. Chr.. Sie war die Tochter eines reichen heidnischen Kaufmanns aus Nikodemien, dem heutigen Izmit in der Türkei. Eifersüchtig wachte der Vater über seine schöne und kluge Tochter und schloss sie von der Außenwelt ab, indem er sie während seiner Geschäftsreisen in einen Turm sperrte. Einmal nutzte Barbara jedoch die längere Abwesenheit ihres Vaters und ließ sich taufen.

Bei seiner Rückkehr – so erzählt die Legende – fand der Vater in dem Turm ein drittes Fenster vor, das Barbara als Symbol der Dreifaltigkeit hatte einbauen lassen. Voller Zorn zerrte ihr Vater sie vor Gericht, aber weder Folter noch die Androhung des Todes konnten sie von ihrem Glauben abbringen. Schließlich brachte der Vater sie eigenhändig mit dem Schwert um. Sie starb als Märtyrerin vermutlich im Winter des Jahres 306.

In der katholischen Kirche zählt die Heilige Barbara zu den 14 Nothelfern. Zudem gilt sie u.a. als Schutzpatronin der Bergleute, Glockengießer, Bauarbeiter, Artilleristen, Gefangenen, Architekten und Waffenschmiede. Zahlreiche Legenden ranken sich um ihr Leben und machen die besondere Verehrung dieser Heiligen deutlich.

Barbarazweige

Der Legende nach soll sich auf dem Weg in den Kerker ein Kirschzweig in Barbaras Kleid verfangen haben, den sie mit dem Wasser aus ihrem Trinkbecher tränkte und so zum Blühen brachte. Auf diese Geschichte geht der Brauch zurück, an ihrem Gedenktag, dem 4. Dezember, Zweige von Obstbäumen (Kirsche, Apfel, Pflaume, Holunder) oder Forsythiensträuchern zu schneiden und ins Haus zu holen. Die Zweige werden 24 Stunden in lauwarmes Wasser gelegt und erst am nächsten Tag in eine Vase gestellt. Mit etwas Glück und entsprechender Pflege schlagen die Zweige aus und tragen zu Weihnachten die ersten Blüten. Dies gilt nicht nur als Symbol für die Kraft des Lebens und des Erlöstseins vom Tod, sondern wird auch als gutes Zeichen für die Zukunft gewertet.

Barbaratag

Kirschenzweige bringt ein Mädchen
Über kahle kalte Heide
Dämmertag ist Nacht geworden,
Dörfchen blinkt wie Lichtgeschmeide.

Engelstimme singt vom Himmel:
Dunkle Reiser, seid erkoren,
Staubverweht sind lang die Blumen,
Feld und Garten eingefroren.

Ihr nur werdet grünend leben,
wenn der Erde Pflanzen fehlen.
Heilige Nacht wird Blüten treiben,
und ein Glück kommt in die Seelen.

Letztes Rot verlischt am Walde.
Ton in Lüften bebt entschwindend.
Über die verhüllte Heide
Haucht der Bergwind, Schnee verkündend.

Hans Carossa

Adventsgebäck: Die Klassiker

Feine Butterplätzchen

Das wird gebraucht:

250 g Mehl

100 g feinster Zucker

2 Eigelbe

200 g kalte Butter

abgeriebene Schale einer halben Zitrone

Evtl. zum Verzieren:

Puderzucker und Zitronensaft

dunkle Schokoladenglasur

So wird's gemacht:

Das Mehl auf eine Arbeitsfläche sieben, den Zucker und die Zitronenschale in eine
Mehlmulde geben, das Eigelb mit dem Zucker verrühren und die in kleine Würfel
geschnittene Butter dazu geben. Alle Zutaten rasch zu einem glatten Mürbeteig
verarbeiten. Den Teig in Pergamentpapier einwickeln und 30 Minuten im
Kühlschrank ruhen lassen.

Danach den Teig auf einer leicht bemehlten Arbeitsfläche etwa 3 mm dünn ausrollen,
beliebige Plätzchen ausstechen und auf ein leicht gefettetes Backblech legen. Auf
der mittleren Schiebeleiste im vorgeheizten Backofen
(E-Herd: 175 Grad, Gas: Stufe 2, Umluft: 160 Grad)
in 8-10 Minuten goldgelb backen. Die Plätzchen
sofort mit einem breiten Messer vom Blech
heben und auf einem Kuchengitter
abkühlen lassen.

Nach Belieben mit Zuckerguss oder
Schokoladenglasur verzieren.

Spritzgebäck-Variationen

Das wird gebraucht:

250 g weiche Butter

200 g Zucker

2 Pck. Vanillezucker

2 Eier

1 Prise Salz

500 g Mehl

1/2 Päckchen Backpulver

So wird's gemacht:

Die Butter schaumig rühren, nach und nach Zucker, Vanillezucker, Eier und Salz
hinzufügen und die Masse noch einige Minuten schlagen. Das Mehl mit dem
Backpulver mischen und beimengen. Die Masse in eine Teigspritze mit großer
Tülle oder einen Spritzbeutel füllen und verschiedene S-Formen, Stäbchen oder
Kränze auf ein mit Backpapier ausgelegtes Backblech spritzen.
Die Plätzchen im Backofen bei ca. 180 Grad (E-Herd, Gas: Stufe 3, Umluft
175 Grad) ca. 10-12 Minuten goldgelb backen.

Variation 1: Die Plätzchen vor dem Backen mit gehackten Mandeln oder Hagelzucker
bestreuen.

Variation 2: Die abgekühlten Plätzchen zur Hälfte in geschmolzene Kuvertüre tauchen.

Variation 3: „Linger Brötchen": den Teig statt zu spritzen zu walnussgroßen Kugeln formen,
in die Mitte mit dem Kochlöffelstil eine Vertiefung drücken und mit Johannis-
oder Brombeergelee füllen.

Wie aus dem Nieswurz die Christrose wurde

Etwas traurig hockte das Nieswurzblümchen in seiner Wurzel unter der Erde und schmollte: „Warum dürfen wir Blumen im Winter nicht aus der Erde? Ich möchte so gerne einmal im Dezember blühen für das Christkind, wenn es Geburtstag hat." Das Schneeglöckchen neben ihm schüttelte die noch verschlossene Blüte: „Wie stellst du dir das eigentlich vor, Nieswurz? Droben über der Erde ist es jetzt kalt, und Kälte tut uns Blumen weh. Ich habe Kälte schon erlebt im Frühjahr, im Winter soll sie noch viel schlimmer sein. Bleib du besser hier unten."

Doch das konnte das Nieswurz nicht einsehen: „Du gehst doch auch hinauf. Manchmal sogar, wenn es noch Schnee hat."

„Das ist etwas anderes", meinte das Schneeglöckchen. „Erstens schlüpfe ich viel später aus der Erde, nicht mitten im Winter, zweitens bin ich es gewöhnt, in der Kälte zu wachsen, und drittens muss ich den Frühling einläuten. Das ist meine Aufgabe."

„Ich möchte auch eine Aufgabe haben", sagte das Nieswurzblümchen, „ich möchte dem Christkind einen Blütengruß schicken, einen Blütengruß von uns allen. Wäre das nichts?"

Schweigend hatte die schon fast schlafende Mutter Erde diesem Gespräch zugehört. Jetzt ließ sie aus der Tiefe ihre Stimme erklingen: „Das ist ein guter Gedanke, Nieswürzelchen. Nur glaube ich, dass du etwas zu schwach dafür bist. Bleib lieber hier." Aber das Blümchen bettelte und bettelte: „Ach, liebe Mutter Erde, lass mich doch hinauf, lass mich dem Christkind einen Blütengruß schicken. Ich fürchte mich nicht vor der Kälte, ich schaffe das schon."

Da wurde die alte Mutter Erde weich, ganz weich: „Nun, wenn dir das so wichtig ist, dann hast du auch die Kraft dazu."

Sie ließ das Nieswürzelchen hinaufsteigen und gab ihm sogar noch ein wenig Erdenwärme mit auf den Weg.

Das Blümchen freute sich. Es wuchs und wuchs, und eines Tages, mitten in der Adventszeit, schaute es tatsächlich aus der Erde heraus. Doch welche Enttäuschung! Droben war alles ganz anders, als es sich Nieswurz vorgestellt hatte: kein Gras, kahle Bäume, keine Bienen und Schmetterlinge und der Himmel düster und trübe.

Aber darum wollte sich das mutige Blümchen jetzt nicht kümmern. Es wollte blühen, dem Christkind eine Blüte schenken. Vorsichtig öffnete es sein weißes Kleid. Puh, kam da auf einmal eine Kälte in die Blüte herein. Das Nieswürzelchen fror. Doch es dachte an seine Aufgabe und streckte tapfer weiter seine Blätter in die Winterluft.

Als dann die Nacht hereinbrach, wurde es noch kälter. Am Himmel leuchteten jetzt unzählige Sterne. Nieswürzelchen betrachtete sie staunend. Waren das wohl auch Blumen?

Himmelsblumen? Sie strahlten so hell, so tröstend …

Die Sterne waren dann auch die ersten, die Nieswürzelchen entdeckten. „Seht nur, ein Blümchen ist da aus der Erde gekrochen", riefen sie einander zu, „ein Blümchen, weiß wie der Schnee, und mit einer goldgelben Blütenkrone." Husch, schickten sie einige Strahlen zu der kleinen Pflanze hinunter und fragten: „Was tust du denn hier mitten im kalten Winter?"

„Ich blühe für das Christkind, das bald Geburtstag hat", sagte das Nieswurzblümchen stolz.

„Und wie heißt du?", fragten die Sterne.

„Nieswurz", antwortete das Blümchen.

„Aber nein, das ist kein richtiger Name für dich", meinten die Sterne. Sie tuschelten ein Weilchen miteinander. Schließlich flüsterten sie dem Blümchen zu: „Wenn du in der Adventszeit für das Christkind blühst und das noch bei dieser Kälte, dann bist du kein Nieswurz, sondern eine Christrose."

„Eine Christrose?", wunderte sich die Blume, „aber die Menschen nennen mich Nieswurz."

„Das wird sich bald ändern", strahlten die Sterne, „und damit die Menschen merken, dass du etwas Besonderes bist, bekommst du von uns jetzt noch ein wenig Leuchtkraft für deine Blüte. Du musst sie nur auffangen, diese Leuchtkraft."

Da breitete die Blume ihre Blütenblätter weit aus und streckte sie den Sternen entgegen. Die aber gaben Leuchtkräfte des Himmels in die Blüte hinein, so dass sie nun aus sich heraus leuchtete.

Was die kleine tapfere Blume nicht wusste, sie war nicht irgendwo, sondern im Beet eines Gärtners aus der Erde geschlüpft, eines Gärtners, der noch in die Natur hineinhorchen und mit seinen Pflanzen sprechen konnte. Wer aber so etwas kann, der hört auch manchmal die Sterne flüstern. Als nun der Gärtner am anderen Morgen in seinen Garten kam und die leuchtend weiße Blume sah, da wollte er gerade sagen: „Ach, ist das ein schönes Nieswürzelchen" – aber er konnte es nicht, denn heimlich und unbemerkt hatten sich die Sterne in seine Gedanken eingeschlichen. Und so rief er freudig aus: „Das ist ja eine Christrose, eine richtige Christrose!"

Wie freute sich da die kleine Blume. Sie fror plötzlich auch nicht mehr. Fröhlich leuchtend blühte sie in die Adventszeit hinein.

Der Gärtner aber grub sie vorsichtig aus und bat die Mutter Erde, ihm noch mehr Christrosen zu schicken. Ja, und so ist aus einem kleinen, tapferen Nieswurzblümchen eine Christrose geworden.

Seit dieser Zeit kommen jedes Jahr im Advent viele, viele Christrosen aus der Erde heraus. Sie blühen zum Geburtstag des Christkindes, und sie bringen den Menschen leuchtende Weihnachtsgrüße der noch schlafenden Pflanzenwelt.

Ingeborg Pilgram-Brückner

In Weihnachtszeiten

In Weihnachtszeiten reis' ich gern
Und bin dem Kinderjubel fern
Und geh in Wald und Schnee allein.
Und machmal, doch nicht jedes Jahr,
Trifft meine gute Stunde ein,
Dass ich von allem, was da war,
Auf einen Augenblick gesunde
Und irgendwo im Wald für eine Stunde
Der Kindheit Duft erfühle tief im Sinn
Und wieder Knabe bin …

Hermann Hesse

Advent

Es treibt
der Wind im Winterwalde
die Flockenherde wie
ein Hirt
und manche Tanne ahnt, wie balde
sie fromm und lichterheilig wird;
und lauscht hinaus. Den weißen Wegen
streckt sie die Zweige hin
– bereit,
und wehrt dem Wind und wächst entgegen
der einen Nacht der Herrlichkeit.

Rainer Maria Rilke

Macht

Macht hoch die Tür

Macht hoch die Tür, die To-re macht weit:

es kommt der Herr der Herr - lich-keit,

ein Kö-nig al-ler Kö-nig-reich, ein

Hei-land al-ler Welt zu-gleich, der Heil

und Le-ben mit sich bringt, der hal-ben

jauchzt, mit Freu-den singt: Ge-lo-bet sei mein

Gott, mein Schöp-fer reich von Rat.

Text: Georg Weissel (1623) 1642
Melodie: Halle 1704

2. Er ist gerecht, ein Helfer wert;
Sanftmütigkeit ist sein Gefährt,
sein Königskron ist Heiligkeit,
sein Zepter ist Barmherzigkeit;
all unsre Not zum End er bringt,
derhalben jauchzt, mit Freuden singt:
Gelobet sei mein Gott,
mein Heiland groß von Tat.

3. O wohl dem Land, o wohl der Stadt,
so diesen König bei sich hat.
Wohl allen Herzen insgemein,
da dieser König ziehet ein.
Er ist die rechte Freudensonn,
bringt mit sich lauter Freud und Wonn.
Gelobet sei mein Gott,
mein Tröster früh und spat.

4. Macht hoch die Tür, die Tor macht weit,
eu'r Herz zum Tempel zubereit'.
Die Zweiglein der Gottseligkeit
steckt auf mit Andacht, Lust und Freud;
so kommt der König auch zu euch,
ja, Heil und Leben mit zugleich,
Gelobet sei mein Gott,
voll Rat, voll Tat, voll Gnad.

5. Komm, o mein Heiland Jesu Christ,
meins Herzens Tür dir offen ist.
Ach zieh mit deiner Gnade ein;
dein Freundlichkeit auch uns erschein.
Dein Heilger Geist uns führ und leit
den Weg zur ewgen Seligkeit.
Dem Namen dein, o Herr,
sei ewig Preis und Ehr.

Nikolaus

Nikolaus

Einer der schönsten Höhepunkte in der ersten Hälfte der Adventszeit ist – vor allem für Kinder – das Nikolausfest: Bereits am Vorabend des 6. Dezember stellen sie voller Erwartung ihre Schuhe und Stiefel vor die Türe oder hängen ihre Socken an den Kamin, in der Hoffnung, sie am nächsten Morgen prall gefüllt mit Geschenken und Süßigkeiten vorzufinden.

Sankt Nikolaus, zu dessen Ehren das Nikolausfest gefeiert wird, zählt wohl zu den beliebtesten Volksheiligen. Bis ins 16. Jahrhundert hinein was er übrigens der einzige Gabenbringer, bevor der vom „Christkind" bzw. dem Weihnachtsmann nach und nach verdrängt wurde. Jetzt weist er als eine Art Bote auf die weihnachtliche Bescherung voraus. Dabei geht der Brauch, die Kinder in der Nacht vom 5. auf den 6. Dezember heimlich zu beschenken, auf eine der zahlreichen Legenden zurück, die sich um das Leben des Bischofs Nikolaus von Myra ranken. Sie alle berichten von seiner Menschenfreundlichkeit und Güte, mit der er sich um in Not geratene Menschen kümmerte. In vielen Geschichten erweist er sich als besonderer Freund und Wohltäter der Kinder, als dessen Schutzpatron er gilt.

Kaum eine andere Figur unterlag aber auch so sehr der Verzerrung wie der Nikolaus: Gnadenlos wird er als Werbeträger vermarktet und verkitscht, zum Schokoladennikolaus verniedlicht oder zur dicklichen Santa Claus-Figur stilisiert. Jüngeren Datums sind auch seine düsteren Helfer wie Knecht Ruprecht, Ascheklaas, der Raue Percht oder wie sie alle heißen, die den Nikolaus bei seiner Einkehr in die Häuser begleiten. All dies hat wenig mit der gütigen Autorität des Bischofs von damals zu tun. Daneben jedoch steht die tiefe Verehrung, die sich nicht zuletzt in den unzähligen Kirchen und Kapellen ausdrückt, die zu Ehren des heiligen Nikolaus errichtet wurden. Und wer genau hinsieht, entdeckt in den verschiedenen Bräuchen und Traditionen, die das Nikolausfest bestimmen, einen Hauch jener ursprünglichen Botschaft, für die vor allem die Kinder empfänglich sind: Die nachts heimlich gebrachten Geschenke erinnern zeichenhaft an jene unverdiente Wohltätigkeit, für die der Name Sankt Nikolaus steht.

Wer war Sankt Nikolaus?

Der Heilige Nikolaus muss ein besonderer Mensch gewesen sein. Das zumindest erzählen die Geschichten, die im Laufe der Jahrhunderte über die Gestalt des Sankt Nikolaus zusammengetragen wurden. Tatsächlich geht die Figur des Nikolaus auf zwei historische Persönlichkeiten zurück, über die nur sehr wenige Fakten bekannt sind. Eine davon ist Nikolaus aus Patara in Westlykien (Kleinasien), der in der ersten Hälfte des 4. Jahrhunderts als Bischof von Myra, einer bedeutenden Hafen- und Handelsstadt, wirkte. Sein Namensvetter, Abt Nikolaus von Sion, war im 6. Jahrhundert Bischof von Pinara, ebenfalls in Lykien. Er starb am 10. Dezember 564.

Um die daraus entstandene Figur des Bischofs von Myra ranken sich zahllose Legenden, die ihn als menschenfreundlichen Wohltäter und Helfer in der Not beschreiben.

So heißt es, dass er eines Tages von einem verarmten Mann hörte, der in seiner ausweglosen Lage beschlossen hatte, seine drei Töchter der Prostitution preiszugeben. Um dies zu verhindern, schlich sich Nikolaus nachts zum Haus des Mannes und warf heimlich drei Goldstücke durch das Fenster. Damit war es dem Vater möglich, seine Töchter ehrenhaft zu verheiraten und die Not von der Familie abzuwenden.

Eine andere Legende erzählt, dass er drei Jünglinge, die von einem Gastwirt aus Habgier getötet und in einem Salzfass eingepökelt worden waren, wieder zum Leben erweckt hat. Auch rettete er angeblich ein in Seenot geratenes Schiff und bewahrte drei unschuldig verurteilte Offiziere vor der Hinrichtung: Nikolaus war dem Kaiser im Traum erschienen, der die Anklage noch einmal überprüfte und die Männer schließlich freiließ. Die Stadt Myra wiederum rettete er aus einer großen Hungersnot, indem er von durchfahrenden Schiffen Korn erbat und versprach, dass ihnen bei ihrer

Ankunft in Rom beim Kaiser kein Gramm
fehlen werde. Und genauso geschah es.
All diese Legenden legten den Grundstein
für die tiefe Verehrung des Heiligen und
ließen ihn zum Schutzpatron der unterschiedlichsten Gruppen werden, u.a. der
Schüler, der Schiffer, Matrosen und
Brückenbauer, der Reisenden und Händler,
der Bäcker, Metzger und Gastwirte, der
Richter, Notare und Apotheker.
Der 6. Dezember um das Jahr 350 gilt als
sein Todestag. Rasch entwickelte sich ein
Nikolauskult, der im 7. Jahrhundert West-
europa erreichte. Der Brauch, die Kinder in
der Nacht zum Nikolaus heimlich zu beschenken, erinnert daran, dass seine Liebe und
Großzügigkeit in besonderem Maße
den Kindern und Jugendlichen galt.

Manchmal sprechen sie noch

Der Pfarrer hatte es gesagt. Aber an diesem Sonntag war vielerlei anzusagen. Deshalb ging die Nachricht ein wenig unter, dass er heimgekehrt war. Eigentlich schade, denn er war lange Zeit fort gewesen. Ein paar Jahre hatte man nichts mehr von ihm gehört. Aber nun hatte er seinen angestammten Platz wieder eingenommen.

Als später nur noch wenige Menschen in der Kirche waren, ging ich zu ihm hinüber. Er stand dort, als ob er nie weg gewesen wäre. Doch, etwas war schon anders: Sein Mantel leuchtete in einem frischen Rot und die Borten glänzten wie neu vergoldet.

„Gut, dass du wieder da bist", sagte ich leise.

„Tja, ich bin auch froh darüber."

Zuerst starrte ich die Holzfigur erschrocken an. Dann schaute ich mich misstrauisch um. Wollte da einer einen Scherz mit mir treiben? Aber ich stand ganz allein, weit und breit kein Mensch.

Gerade wollte ich schon über mich lachen, da hörte ich die Stimme wieder, sie war ganz nah und deutlich: „Weißt du, es ist in der Werkstatt bei dem Restaurator ziemlich langweilig. Da bin ich doch lieber hier in der Kirche."

„Ach, ja?", sagte ich zaghaft.

„Es bleibt der eine oder andere bei mir stehen. Gelegentlich hat einer etwas auf dem Herzen und ich überlege, wie ich helfen kann!"

„Das Helfen", sagte ich, „das ist ja deine Spezialität."

„Stimmt", gab er zu. „Früher kamen oft Schiffer zu mir, Kaufleute auch. Aber das ist heute selten geworden. Nur die Kinder kennen mich noch und freuen sich auf meinen Tag."

Ich fragte ihn entschlossen: „Ich wollte eigentlich immer schon wissen, wie das damals in Myra gewesen ist."

„Ich war lange Bischof in Myra. Es gäbe viel zu erzählen. Was genau willst du wissen?"

„Zum Beispiel das mit der Hungersnot. Als die Menschen in der Gegend von Myra viele Wochen lang nichts zu beißen hatten."

„Das war tatsächlich schlimm. Heute kann man das den Menschen kaum noch verständlich machen. Wer kennt denn hierzulande wirklich den Hunger? Den wütende Schmerz zuerst, die Schreie nach Brot, die allmähliche Ermattung, den Hungertod schließlich. Und genauso war es damals in Myra."

„Und dann kamen die Getreideschiffe, die

für eine Nacht im Hafen ankern wollten",
sagte ich eifrig.

„Du kennst dich ja gut aus. Aber es war so,
wie du sagst. Die Schiffe waren auf der
Durchfahrt nach Konstantinopel, sollten
Getreide in die Kaiserstadt bringen. Der
Kapitän wollte jedoch keinen einzigen Sack
Korn an uns verkaufen. Er war ein Hasen-
fuß. ‚Wenn etwas von meiner Ladung fehlt',
sagte er, ‚dann lässt mich der Kaiser ins
Gefängnis werfen.'"

„Und das Wunder?", fragte ich neugierig.

„Wie war das mit dem Wunder?"

„Nun, das größte Wunder war, dass der
Kapitän seine Angst überwand. Schließlich
hat er erlaubt, dass einige Männer von uns
an Bord kommen durften. Er zeigte ihnen
die Kornsäcke, die sie in die Stadt schleppen
durften. Es war ziemlich viel Korn und es hat
gereicht, bis endlich wieder Regen fiel in
unseren Gärten und auf den Feldern neue
Nahrung wuchs."

„Und der Kapitän hat mir nichts, dir nichts
seinen Sinn geändert?"

„Nein, mein Lieber. Den Sinn ändern, das
geht bei niemand leicht. Ich habe ihn in
jener Nacht in Myra herumgeführt. Er hat
die hungernden Menschen gesehen, hat das

Elend gerochen, das Wimmern der Kinder
gehört. Dann habe ich ihm von dem Jungen
erzählt, damals, als Jesus mit den vielen
tausend Menschen in der Steppe war. Kaum
einer hatte etwas zu essen mitgenommen.
Hunger hatten sie alle. Der Junge hätte seine
Fladenbrote und die paar kleinen Fische, die
er in seiner Tasche mit sich trug, für sich
allein behalten können. Nein, als Jesus
fragte, da hat er sie angeboten, wollte teilen.
Das war auch ein Wunder. Aber als Jesus Brot
und Fische gesegnet hatte, als alle davon

gegessen hatten und satt geworden waren, als nach alldem noch zwölf Körbe voll übrig geblieben sind, ich glaube, da haben damals alle gespürt, wie wichtig das Teilen ist."

„Und der Kapitän?"

„Dem ist diese Nacht in Myra und auch die Geschichte vom Brotwunder an die Nieren gegangen. Er hat erkannt, wie steinhart er sein Herz gemacht hatte. Und, wie du sagtest, er hat seinen Sinn geändert."

„Wirklich, ein Wunder", gab ich zu. Aber dann fiel mir ein, was sonst noch erzählt wird, und ich fragte weiter: „Man sagt, dass das Schiff nicht höher aus dem Wasser herausgestiegen ist, obwohl die Ladung doch leichter und leichter wurde, je mehr Säcke die Männer wegschleppten."

„Darüber haben in der Tat alle gestaunt. So viel Korn die Männer auch in die Stadt trugen, an der Ladung fehlte nichts, überhaupt nichts."

„Wie ist das denn zu verstehen?", fragte ich und konnte einen Zweifel nicht unterdrücken.

Nikolaus schmunzelte. „Für mich war das, was ich mit dem Kapitän erlebt hatte, viel erstaunlicher. Aber die Leute erzählten sich bald eine Geschichte, die mit dem Schiff zu tun hatte. Sie sagten, die Männer von Myra seien schweren Herzens auf das Schiff gegangen. Als sie das Korn hinabtragen durften, seien ihre Sorgen und Nöte auf dem Schiff zurückgeblieben. Und diese hätten das fehlende Korn aufgewogen."

„Wirklich eine erstaunliche Geschichte. Aber da sind doch auch noch die Rettung aus Seenot, die mit Nikolaus zu tun hat, und die Wiederbelebung der drei Schüler …"

Nikolaus lachte jetzt ganz vernehmlich.

„Nicht alles an einem Tag, mein Lieber! Geschichten muss man bedenken. Komm an einem anderen Tag wieder!"

Vielleicht hätte ich das Gespräch noch fortgesetzt. Aber da kam ein älterer Mann herbei und fragte vorwurfsvoll: „Finden Sie es richtig, in der Kirche so laut zu lachen?"

Eigentlich wollte ich sagen: „Warum denn nicht?"

Aber dann wies ich mit dem Daumen auf die Nikolausfigur und sagte: „Der war's."

Der Mann schüttelte den Kopf und zeigte mir mit dem Finger einen Vogel. Wenn der wüsste!

Willi Fährmann

Das steinerne Herz

Ein Kaufmann war sehr reich geworden, konnte aber nie genug bekommen und wollte immer noch mehr verdienen. Als er eines Tages auf Reisen war, erschien ihm der Verführer. „Möchtest du reicher als alle werden?", fragte er ihn. „Nichts lieber als das!", sagte der Kaufmann, „was muss ich dafür tun?" – „Du musst mir dafür dein Herz geben", sagte der Verführer.

Ohne Zögern tauschte der Kaufmann sein Herz gegen einen Stein. In nur einem Augenblick geschah das. Dann verschwand der Verführer.

In den folgenden Jahren wurde der Kaufmann reicher als alle anderen Menschen, aber auch immer verlassener und einsamer. Als er eines Tages wieder dorthin kam, wo ihm der Verführer sein Herz genommen hatte, begegnete ihm der Bischof Nikolaus von Myra.

„Warum bist du so traurig?", fragte er den Kaufmann. Da erzählte der reiche Mann seine Geschichte. Der Heilige tröstete ihn und sprach: „Du kannst wieder glücklich werden, wenn du mit deinem Geld den Armen hilfst. Geh in die Häuser der Krankheit und des Hungers und lerne die Not der Menschen sehen."

Der Kaufmann tat, wie der Bischof Nikolaus ihm geraten hatte. Mit jedem guten Wort und jeder helfenden Tat schmolz der Stein in seiner Brust, und das Herz kam wieder.

Als er starb, war aus dem armen Reichen ein reicher Armer geworden.

Eine alte ostkirchliche Legende

Wissenswertes rund um den Nikolaus

Der Name »Nikolaus«:

Der Name „Nikolaus" setzt sich aus „nicos" (griech. = Sieg) und laós (Volk) zusammen und bedeutet soviel wie „Sieg des Volkes" oder „Überwinder des Volkes". Damit deutet sein Name auf zwei Aspekte seines Lebens hin: auf sein offenes Herz für die Not des Volkes und auf sein beispielhaftes Vorbild, wie das Böse zu überwinden sei, damit das Gute siegen kann. Weitere Namen sind „Sinter Klaas" (Holland), „Samichlaus" (Schweiz), „Santa Claus" (England) oder „Père Noël" (Frankreich).

Schuhe, Strümpfe oder Schornstein:

Der Brauch, am Vorabend des 6. Dezembers Stiefel, Schuhe oder Strümpfe herauszustellen bzw. zu -hängen, damit sie der Nikolaus mit Süßigkeiten, Äpfeln und Nüssen füllt, geht auf die Legende um einen verschuldeten Adeligen zurück. Um dessen drei Töchter vor der Prostitution zu bewahren, warf St. Niko-laus nachts heimlich Geldbeutel durch das Fenster bzw. den Schornstein. Laut einer der Varianten landeten die Goldstücke – manch-mal sind es auch goldene Kugeln oder Gold-klumpen – am Kamin in Strümpfen, die zum Trocknen aufgehängt waren.

Starke Konkurrenz: Nikolaus – Christkind – Weihnachtsmann

Ursprünglich hat der Nikolaus mit dem Weihnachtsmann nichts zu tun. Heute jedoch lassen sich beide kaum noch unter-scheiden. So stellen sich fast alle Kinder unter dem Nikolaus wie dem Weihnachts-mann einen pausbäckigen Mann in rotem Mantel mit einem langen weißen Bart vor. Kein Wunder, zeigen doch die Millionen von Schokoladennikoläusen, die Weihnachts-männer in Schaufensterdekorationen und Kaufhäusern, auf Weihnachtsmärkten oder Postkarten genau diese Aufmachung.
Das war nicht immer so. Bis ins 16. Jahrhun-dert hinein war der Heilige Nikolaus der einzige Gabenbringer. Er trat im Bischofs-

gewand mit Bischofsmütze, Stab und drei goldenen Kugeln als Zeichen der Dreifaltigkeit auf. Als die Protestanten im Zuge der Reformation die Heiligenverehrung nicht mitmachen wollten, setzte Martin Luther dem Nikolaus kurzerhand das „Christkind" entgegen und verlegte die Bescherung der Kinder auf das Weihnachtsfest. Zwar ließ sich der Nikolaus nicht so leicht verdrängen, doch das „Christkind" – eine Art Kunstfigur, häufig dargestellt als leuchtendes, geflügeltes Kind, das jedoch nicht mit dem Jesuskind in der Krippe verwechselt werden sollte – wird zum eigentlichen Gabenbringer, zunächst in den protestantischen Gebieten, später auch im katholischen Bayern und im Rheinland.

Der Nikolaus wiederum erfährt im Laufe des 19. Jahrhunderts eine eigentümliche Wandlung. Über den Umweg der Niederlande („Sinterklaas") und der USA („Santa Claus") verschmilzt der gütige Bischof mit seinem düsteren Begleiter zum Weihnachtsmann, der zunächst in Norddeutschland das Christkind verdrängt. Auch das äußerliche Erscheinungsbild der ehemaligen Nikolausfigur verändert sich: Nach und nach wird er zu einem gemütlichen pausbäckigen Dicken mit weißem Bart. Spätestens seit 1932, als

Coca Cola beginnt, die Figur des „Santa Claus" für ihre jährliche Weihnachtswerbung zu nutzen und mit ihren Firmenfarben ausstattet, wird der großväterliche Typ im cocacolaroten Mantel mit weißem Pelzbesatz zum Inbegriff des Weihnachtsmanns schlechthin. Seine Allgegenwart droht das eher unsichtbare und geheimnisvolle Christkind, das sich vor allem in katholischen Gegenden neben dem Nikolaus behaupten konnte, zunehmend zu verdrängen.

Lasst uns froh und munter sein

1. Lasst uns froh und mun-ter sein und uns recht von Her-zen freun! Lus-tig, lus-tig tra-la-la-la-la, bald ist Nik-laus-a-bend da, bald ist Nik-laus-a-bend da.

2. Dann stell ich den Teller auf,
Niklaus legt gewiss was drauf,
Lustig, lustig, tralalalala …

3. Wenn ich schlaf, dann träume ich:
Jetzt bringt Niklaus was für mich.
Lustig, lustig, tralalalala …

4. Wenn ich aufgestanden bin,
lauf ich schnell zum Teller hin.
Lustig, lustig, tralalalala …

5. Niklaus ist ein guter Mann,
dem man nicht g'nug danken kann.
Lustig, lustig, tralalalala …

Lasst uns froh und munter sein

Allerlei Nikolausverse

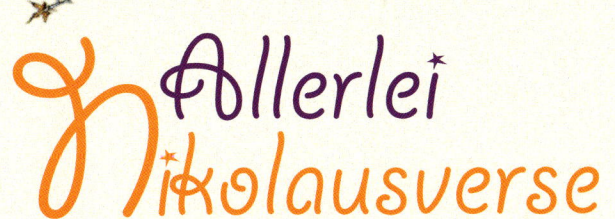

Niklaus, komm in unser Haus,
Schütt dein goldig Säcklein aus,
Stell den Esel an den Mist,
Dass er Heu und Hafer frisst.

(aus Hessen)

Nikolaus, du frommer Mann,
Komm mit deinem Schimmel an
Und dem schwarzen Piet.
Alles, was man wünschen kann,
Spielzeug, Kuchen, Marzipan,
Bring uns bitte mit.
Haben wir nicht recht getan,
So verzeih uns, heil'ger Mann,
Schimmelchen und Piet.

(aus Westfalen)

Lieber guter Nikolaus,
Lösch uns unsre Vieren aus,
Mache lauter Einser draus,
Bist ein braver Nikolaus.

(aus Berlin)

Sankt Niklas ist ein braver Mann,
bringt den kleinen Kindern was,
die großen lässt er laufen,
die können sich was kaufen.

(Volksgut)

Holler, boller, Rumpelsack,
Niklas trug sein Huckepack,
Weihnachtsnüsse, gelb und braun,
runzlich, punzlich anzuschaun.

Knackt die Schale, springt der Kern,
Weihnachtsnüsse ess ich gern.
Komm bald wieder in mein Haus,
alter guter Nikolaus.

(aus dem Hunsrück)

Sankt Nikolaus aus Mini-Tontöpfen

Das wird gebraucht:

1 Mini-Tontopf (Ø 7 cm)

Je 1 Rohholzperle, Ø 40 mm (Kopf), Ø 20 mm (Kopfbefestigung)

Je 2 Marionettenfüße, 40 mm x 30 mm

Strukturschnee

Tonkarton in Weiß

Chenilledraht in Weiß, 20 cm (Arme), 25 cm (Beine und Hals)

Bastelfarbe in Hautfarbe, Weiß, Gold

Aludraht in Gold, Ø 3 mm, 20 cm lang

Goldstift

So wird's gemacht:

Der Tontopf wird zuerst weiß bemalt; evtl. muss die Farbe mehrfach aufgetragen werden. Anschließend wird der Topf trocken geföhnt und mit Goldfarbe verziert. Grundieren Sie die Marionettenfüße weiß. Die größere Holzkugel wird mit Hautfarbe bemalt, bevor das Gesicht mit einem sehr feinen schwarzen Filzstift aufgezeichnet wird.

Übertragen Sie den Grundriss der Bischofsmütze auf Tonkarton, schneiden Sie die Mütze aus und verzieren Sie diese mit dem Goldstift laut Vorlage. Fixieren Sie die Bischofsmütze auf dem Kopf, bevor Sie den Strukturschnee mit einem Rundholzstäbchen auftragen.

Um Kopf und Körper zusammenzusetzen, knicken Sie den Chenilledraht für Beine und Hals in der Mitte und stecken auf die beiden Enden jeweils einen Marionetten- fuß. Schieben Sie die kleinere Rohholzperle so weit über die Knickstelle, dass noch 3 cm als Hals überstehen. Stecken Sie den Hals von unten durch die Tontopföffnung und schlingen Sie den Armdraht einmal um den Hals. Zum Schluss wird die Kopfperle aufgesteckt.

Biegen Sie den Bischofsstab laut Vorlage und geben Sie ihn Sankt Nikolaus in die Hand.

Weckmann – Nikolausmännchen – Stutenkerl

Der Weckmann, auch als Stuten- oder Piepenkerl, Klasen- oder Printenmann bekannt, ist ursprünglich ein „Gebildebrot", also eine aus Teig geformte Figur, die anlässlich eines bestimmten Festtages gebacken wurde. So gab es den Weckmann, der einen Bischof darstellen soll, früher nur am Nikolaustag: Stellt man sich die heute übliche Tonpfeife einmal anders herum gedreht vor, so kann man darin tatsächlich andeutungsweise den Bischofsstab erkennen.

Stutenkerle aus Hefeteig (6 Stück)

Das wird gebraucht:

500 g Mehl

1 Würfel Hefe

80 g Zucker

200 ml lauwarme Milch

1 Prise Salz

100 g weiche Butter

3 Eigelb

1 Päckchen Vanillezucker

1 Messerspitze Safran

Verquirltes Eigelb zum Bestreichen

Korinthen zum Verzieren

Evtl. Tonpfeifen

So wird's gemacht:

Mehl in eine Rührschüssel geben, in die Mitte eine
Mulde drücken, die zerbröselte Hefe hineingeben und
mit Milch und etwas Mehl zu einem Vorteig verrühren.
Den Teig zugedeckt an einem warmen Ort 15 Minuten
gehen lassen. Die flüssige Butter und die übrigen
Zutaten hinzufügen und alles zu einem glatten
Hefeteig verarbeiten. Den Teig erneut
zugedeckt ca. 30-50 Minuten gehen
lassen. Den Teig auf einer bemehlten
Arbeitsfläche so lange kneten, bis er
elastisch ist. Eventuell noch einmal
gehen lassen. Anschließend den Teig in
sechs gleich große Portionen aufteilen, diese
zu Ovalen ausrollen, aus denen Männchen geformt
werden.

Die Figuren auf ein Backblech legen und mit Eigelb
bestreichen.

Korinthen als Augen und Knöpfe in den Teig drücken;
ebenso die Tonpfeifen. Die Figuren noch etwas gehen
lassen. Anschließend im vorgeheizten Backofen
bei 180-200 Grad (E-Herd, Gas: Stufe 3, Umluft:
175 Grad) ca. 18-20 Minuten goldbraun backen.
Auf einem Gitterrost abkühlen lassen.

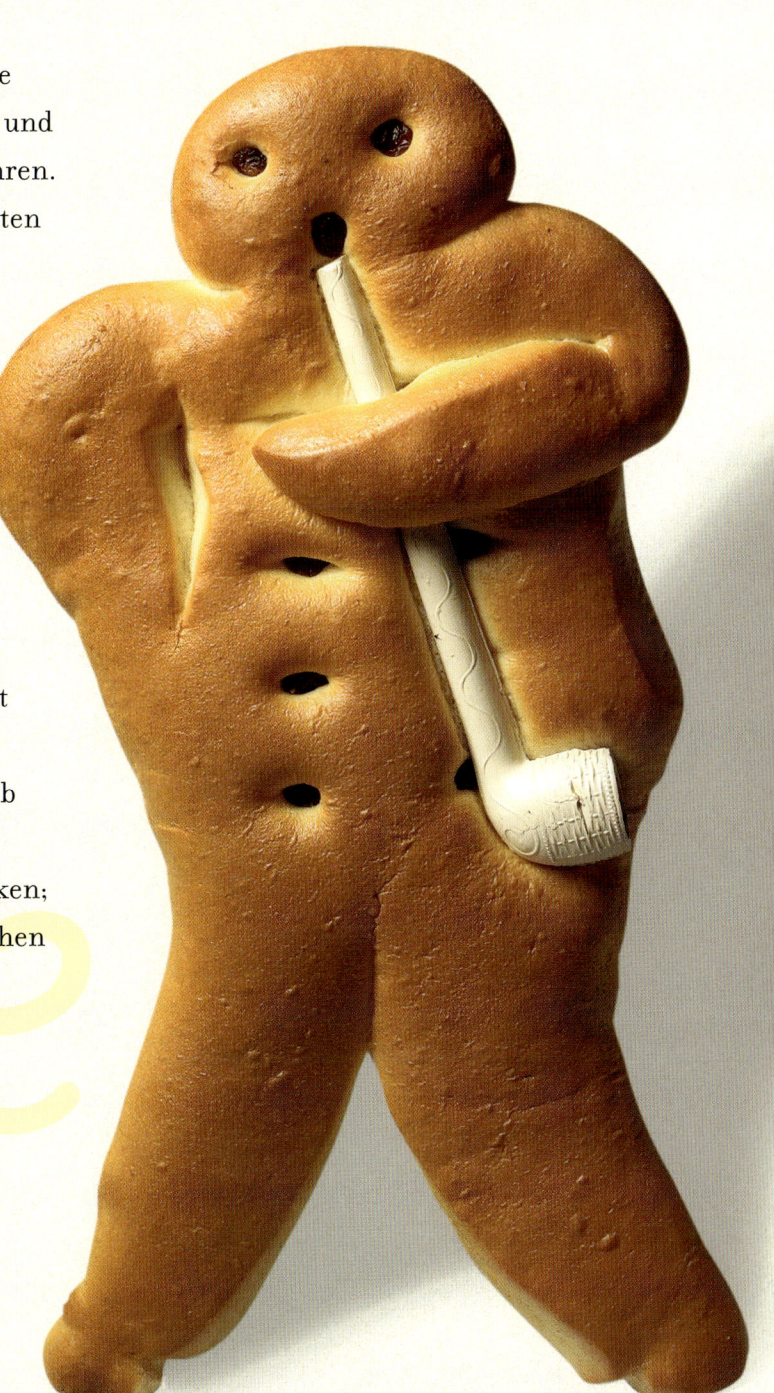

Knecht Ruprecht, Krampus & Co

Die unheimlichen Begleiter des Nikolaus

Bei seinen Beschergängen zu den Kindern wird der Nikolaus fast immer von einer zum Teil Furcht erregenden Gestalt begleitet. Die bekannteste von ihnen ist Knecht Ruprecht, auch der „Raue Percht" genannt. Doch je nach Region haben die dunklen Gesellen ganz unterschiedliche Namen. Sie heißen Krampus, Klaubauf, Klompsack, Ascheklas, Zwarter Piet, Hans Muff, Pelznickel, Rumpelklas, Schmutzli oder Erbsbär, um nur einige zu nennen. Manche von ihnen gehen gar auf eine historische Persönlichkeit zurück wie auf den kurpfälzischen Hofmarschall von Dratt. Bei den meisten dieser Schreckensgestalten handelt es sich jedoch um eine Mischung aus Naturgeistern, heidnischen Wintergestalten und Teufelsfiguren oder mittelalterlichen Allegorien des Bösen. Mit rußgeschwärzten Gesichtern, bestückt mit Rute, Sack oder Kiepe, übernehmen sie die Aufgabe, den Kindern Angst einzujagen und sie für ihre Untaten zu bestrafen. In manchen Orten, insbesondere den alpenländischen Regionen, ziehen ganze Gruppen von „Rupprichen" lärmend durch die Straßen, was unweigerlich an Fastnachtbräuche erinnert.

Erst diese polternden Angstmacher machten es möglich, das Auftreten des Nikolaus ungeniert für pädagogische Zwecke einzusetzen oder gar zu missbrauchen. Letztlich jedoch sind die dunklen Gesellen fest in der Hand des Heiligen Nikolaus, der sie zähmt: Häufig in Ketten gelegt, müssen sie den schweren Sack mit Geschenken tragen und ihm zu Diensten sein. Und je strenger sich Knecht Ruprecht zeigt, desto deutlicher kann die Güte des Heiligen Nikolaus hervortreten, dessen freundliches Wesen alle Schreckensgestalten überstrahlt.

Im 19. Jahrhundert verschmolz Knecht Ruprecht mit dem Heiligen Nikolaus zum überkonfessionellen Weihnachtsmann, der von nun an beide Seiten in sich vereinte: die gestrenge, vor der sich die Kinder ein wenig fürchten, und die großzügige, die sie reichlich beschenkt.

Knecht Ruprecht

Von drauß' vom Walde komm ich her;
Ich muß euch sagen, es weihnachtet sehr!
Allüberall auf den Tannenspitzen
Sah ich goldene Lichtlein sitzen;
Und droben aus dem Himmelstor
Sah mit großen Augen das Christkind hervor,
Und wie ich so strolcht durch den finstern Tann,
Da rief's mich mit heller Stimme an.
„Knecht Ruprecht", rief es, „alter Gesell,
Hebe die Beine und spute dich schnell!
Die Kerzen fangen zu brennen an,
Das Himmelstor ist aufgetan,
Alt' und Junge sollen nun
Von der Jagd des Lebens einmal ruhn;
Und morgen flieg ich hinab zur Erden,
    Denn es soll wieder Weihnachten werden!"
      Ich sprach: „O lieber Herre Christ,
        Meine Reise fast zu Ende ist;
          Ich soll nur noch in diese Stadt,
            Wo's eitel gute Kinder hat."
        – „Hast denn das Säcklein auch bei dir?"
          Ich sprach: „Das Säcklein, das ist hier;
           Denn Äpfel, Nuss und Mandelkern
            Fressen fromme Kinder gern."
          – „Hast denn die Rute auch bei dir?"
          Ich sprach: „Die Rute, die ist hier;
           Doch für die Kinder nur, die schlechten,
           Die trifft sie auf den Teil, den rechten."
      Christkindlein sprach: „So ist es recht;
    So geh mit Gott, mein treuer Knecht!"
     Von drauß' vom Walde komm ich her;
      Ich muß euch sagen, es weihnachtet sehr!
      Nun sprecht, wie ich's hierinnen find!
   Sind's gute Kind, sind's böse Kind?

Theodor Storm

Jan und seine Holzschuhe

In Holland, das wisst ihr vielleicht nicht, spielen die Holzschuhe eine wichtige Rolle, das ganze Jahr über und auch am Nikolausabend. Weil es dort nämlich so viele Kanäle und Wasserläufe gibt, trägt auf dem Land Alt und Jung Holzschuhe, damit die Füße hübsch trocken bleiben. Und die Kinder füllen am Vorabend von St. Nikolaus ihre Holzschuhe mit Heu. In Holland kommt der Nikolaus nämlich auf einem silberweißen Schimmel geritten, und das ist ein überaus kluges Tier. Es schnuppert ein wenig an dem Heu in den Kinderholzschuhen und weiß dann gleich, ob der kleine Bub oder das kleine Mädel, dem die Schuhe gehören, ordentlich und brav war oder etwa hie und da einmal böse. Ist das Kind zu schlimm gewesen, dann dreht der Schimmel den Kopf verächtlich weg und verschmäht das Heu. Der heilige Nikolaus weiß also sofort Bescheid und auch sein Diener, der Schwarze Piet. Und es ist sehr fraglich, ob so ein Kind auch nur eine Nuss oder einen winzigen Lebkuchen bekommt!

Eigentlich war der kleine Jan ein besonders netter Bub und vertrug sich gut mit seinen älteren Geschwistern, dem großen Bruder Kees, der fast schon erwachsen war, und der lustigen, lieben Mina, seiner Schwester.

Aber mit der Mutter geriet Jan des öfteren aneinander, denn er war leider ein unverbesserlicher Schlamper. Und das bekamen vor allen Dingen Jans Holzschuhe zu spüren. Was der Jan nicht alles mit seinen Holzschuhen anstellte, das könnt ihr euch gar nicht denken! Zunächst einmal hielt er sie für wunderbare Schiffe. Schiffe waren Jans Leidenschaft, und er wünschte sich vom Nikolaus nichts als ein richtiges Segelschiff, das er auf den kleinen Kanälen fahren lassen konnte. Bis zum Nikolaustag war aber noch eine lange Zeit, und so mussten ihm eben bis dahin die Holzschuhe das Segelschiff ersetzen. Natürlich gehört zu jedem Schiff auch eine Ladung; deshalb belud Jan die Schuhe mit allem, was darin Platz fand: mit feinem Sand zum Beispiel, mit Kieselsteinen oder auch mit Blumen und Gemüse. Und manchmal bemannte er die Schiffe dazu noch mit einem Laubfrosch oder kleinen Weißfischen. Und weil sowohl die Frösche als Kaulquappen und Fische Wasser brauchten, füllte Jan die Holzschuhe dann mit einem tüchtigen Schuss Schlammwasser!

Ihr könnt euch nun vorstellen, wie es um das Innere der Holzschuhe stand – und um Jans Strümpfe und Füße auch! Die Mutter hatte gut reden. Es half alles nichts. Aber dann

ging das Jahr seinem Ende zu, und die Mutter wurde ernsthaft.

„Jan", sagte sie, „denk daran, dass am 5. Dezember der heilige Nikolaus kommt. Du weißt doch, dass sein Schimmel es dem Heu in den Holzschuhen anriecht, ob die Kinder, denen sie gehören, folgsam und artig waren? Ich sehe schwarz für dein Segelschiff, wenn du dich nicht gewaltig besserst. So, und jetzt nimm einen Eimer Wasser und ein Stück Seife und feg deine Holzschuhe sauber, außen und innen. Und sorg dafür, dass sie so bleiben!"

„Ja, Mutter", erwiderte Jan recht kleinlaut, denn diesmal war ihm die Strafpredigt durch und durch gegangen. Das Segelschiff, sein geliebtes, ersehntes Segelschiff, wollte er um keinen Preis verscherzen! Und er gelobte ernstlich, sich zu bessern.

Zunächst gelang es ihm auch wirklich. Wochenlang trabte er in seinen Holzschuhen so vernünftig und brav durch die Gegend wie alle anderen Buben im Ort, und er kam immer mit vorbildlich warmen und trockenen Füßen nach Hause. Das ging so bis zum 5. Dezember. An diesem Tag, dem Tag, an dem der heilige Nikolaus samt Schwarzem Piet und weißem Schimmel zu erwarten war, wehte ein frühlingshafter Wind über die weiten Felder und taute den Frost auf, der sich morgens darüber gelegt hatte. Jan stakste in seinen Holzschuhen über den

feuchten Boden und träumte von seinem Segelschiff. Als er sich das Segelschiff vorstellte, das er sicher morgen früh vor dem Ofen finden würde, machte er vor Freude einen Luftsprung und schleuderte dabei seinen rechten Holzschuh in die Höhe. Entsetzt blieb er auf dem linken Bein stehen wie ein Storch und starrte dem Holzschuh nach: Der flog in hohem Bogen auf die Windmühle zu und klemmte sich in einem Flügel fest. Jan war verzweifelt.

„Wie krieg ich da bloß meinen Holzschuh wieder herunter?", jammerte er. „Vielleicht kann ich ihn mit dem anderen Schuh treffen!" Er schlüpfte also aus dem linken Holzschuh heraus, zielte und warf ihn dem rechten Schuh nach. Aber er traf nicht. Der Holzschuh fiel unverrichteter Dinge hinter einem Heckenzaun zur Erde. Ein Aufplatschen und der schrille Schrei einer Frauenstimme verrieten, dass jemand oder etwas getroffen war.

„Ich glaube, das war Tante Amalie!", murmelte Jan erschrocken und machte sich strumpfsockig auf den Heimweg.

Nur Schwester Mina war da, als Jan ins Zimmer patschte.

„Himmel, Jan, was ist dir passiert?", rief sie. „Schau bloß deine Socken an – ganz nass und schmutzig sind sie!"

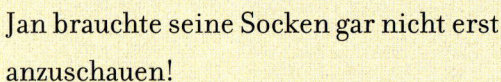

Jan brauchte seine Socken gar nicht erst anzuschauen!

Aber ehe er erzählen konnte, was geschehen war, klopfte es an der Haustür. Es war Tante Amalie.

„Ach du lieber Himmel", jammerte Jan, „da ist sie schon!"

Mina warf einen kurzen Blick auf ihn und befahl: „Unter den Tisch!" Dann zog sie die Tischdecke etwas tiefer, ging hinaus und machte die Haustür auf.

„Guten Abend, liebe Tante!", sagte sie freundlich.

Die Tante aber war kein bisschen lieb, sondern bitterböse.

„Wo ist deine Mutter?", fuhr sie Mina an.

„Im Hof. Sie füttert die Hühner", erwiderte Mina gleichmütig.

„Dann lauf und hol sie!", befahl die Tante. Und Mina hörte im Davongehen, wie sie vor sich hinmurmelte: „Das will ich dem Jan gehörig eintränken!"

Als die Mutter mit Mina kam, nahm sich Tante Amalie nicht einmal die Zeit „Guten Abend" zu wünschen. Sie fing gleich an zu erzählen: „Also eben, wie ich gerade mit dem Melken fertig bin und meinen vollen Eimer – diesen Eimer hier! – die Straße entlang trage, was geschieht? Was geschieht, frage ich?"

„Nun, sag es schon, Amalie", meinte die Mutter friedlich.

„Mit deiner Ruhe wird es gleich vorbei sein!", fuhr Tante Amalie fort, „- also, ich sehe euern Jan wie verrückt auf einem Holzschuh herumhüpfen und dann, nein, man soll es nicht für möglich halten! – aus dem Holzschuh heraussteigen, er stellt sich mit seinen weißen Strümpfen mitten in den Dreck, schwingt den Holzschuh und wirft ihn – wirft ihn – wohin denkst du wohl, dass er ihn wirft?!"

„Ich kann es mir wirklich nicht denken, Amalie", sagte die Mutter sanft.

„Das glaub ich! Ich hab' es mir auch nicht denken können! Also, er wirft ihn mitten in meinen Milcheimer! In meinen sauberen Milcheimer voll sauberer Milch! Den schmutzigen alten Holzschuh!"

„Also, das sieht Jan kein bisschen ähnlich", erklärte die Mutter.

Und Mina setzte hinzu: „Mit Absicht hat er das bestimmt nicht getan!"

„Vielleicht nicht mit Absicht", sagte die Tante etwas besänftigt. „Aber er hat sich nicht einmal entschuldigt, und das wäre doch das Mindeste gewesen, finde ich. Hier

jedenfalls ist der Holzschuh. Er gehört doch Jan, oder nicht?" Und sie stellte einen linken Holzschuh auf den Boden.

„Ja, er gehört mir", ließ sich da eine klagliche Stimme unter dem Tisch vernehmen, und der Stimme folgte ein sehr zerknirschter Jan. „Aber ich hab' es bestimmt nicht mit Absicht getan, Tante Amalie, ich hab' dich überhaupt nicht gesehen. Bitte, verzeih! Die Milch will ich dir von meinem Taschengeld abzahlen."

Nun schaltete sich die Mutter ein.

„Sobald mein Mann vom Fischen heim-kommt, Amalie, sollst du das Geld für die Milch haben. Mit Jan rechne ich dann schon ab."

„Also gut", meinte Tante Amalie, „ich weiß, dass ich mich auf euch verlassen kann. Guten Abend miteinander!"

Und sie ging fort. […]

Die Mutter aber strich dem Buben übers Haar und meinte: „Reib jetzt deinen linken Holzschuh innen und außen sauber und stell ihn neben die Schuhe von Kees und Mina vor den Ofen, Jan! Ich lege inzwischen ein frisches Tischtuch auf, damit es festlich in der Stube aussieht, wenn heute Nacht der heilige Nikolaus und der Schwarze Piet kommen!"

Als Kees später die Holzschuhe mit Heu füllte, sah er in Jans einzelnem Schuh einen Zettel. „Was ist denn das?", fragte er.

„Ich hab' für den Nikolaus eine Erklärung geschrieben", erwiderte Jan, „damit er ver-

steht, warum von mir nur ein Schuh dasteht, und weiß, dass ich es nicht mit Absicht gemacht habe."

„Nicht schlecht!", meinte Kees. Und dann stellten sich die Kinder hinter ihre Holzschuhe und sangen miteinander das Nikolauslied: „Nikolaus, du heiliger Mann […]"

Und dann gingen sie schlafen.

Lange Zeit blieb alles still, und nichts geschah. Dann aber, es ging schon auf Mitternacht, hörte man Pferdehufe klappern und eine Silberglocke klingen. Lautlos öffnete sich die Tür und der heilige Nikolaus kam herein, in rotem, goldbesetztem Gewand, und hinter ihm, in einem dunklen Kapuzen-mantel, der Schwarze Piet.

„Also hier wohnen Kees, Mina und Jan?", fragte der heilige Nikolaus.

„Ja, heiliger Mann", erwiderte Piet, „so ist es. Und nun will ich in meinem Buch nach-sehen, wie es um die drei Kinder steht. So, da haben wir es ja: Also zwei Kinder, die eine Belohnung verdienen, das sind Kees und Mina, und ein Kind, das nichts verdient, und das heißt Jan."

„Nichts verdient? Stimmt das auch, Schwar-zer Piet? Sieh noch einmal nach, ob du dich nicht verlesen hast!"

„Nein, nein, heiliger Mann, hier steht es ganz deutlich: Jan, 9 Jahre alt, ein Bub, der alles, was ihm in die Finger kommt, in seine

Holzschuhe steckt, alles außer seinen Füßen."

„Was du nichts sagst, Schwarzer Piet! Ja, was kann man denn außer den Füßen in Holzschuhe stecken?"

„Nun, heiliger Mann, was eben einem kleinen Buben gefällt: Frösche, Fische, Blindschleichen, Blumen, Beeren – was weiß ich? Und sein Verbrauch an Socken ist geradezu ungeheuerlich. Und immerfort ist er erkältet. Und – ja, nun schau bitte, was hier am Ofen steht: ein Paar Holzschuhe von Kees, ein Paar Holzschuhe von Mina, und ein einzelner Holzschuh von Jan. Nur ein linker Schuh!"

„Ein einzelner Schuh? Wirklich Piet, das ist recht sonderbar. Tchtchtchtch! Aber da steckt ja ein Zettel! ‚Lieber Sankt Nikolaus, es tut mir Leid, dass ich heuer nur einen Holzschuh hinstellen kann, mit dem anderen hab' ich leider Pech gehabt. Ich hab ihn in die Windmühle geworfen, weil ich mich so auf dich freue. Es war aber ein Versehen, glaub es mir! Und schenk mir bitte trotzdem ein Segelschiff! Dein dankbarer Jan.'
Siehst du, Schwarzer Piet, es war ein Versehen! Da sollte man doch Gnade vor Recht ergehen lassen, finde ich … Was ist denn das?"

Draußen hörte man ein leises Scharren, und Piet erwiderte ein wenig schadenfroh: „Dein Schimmelchen kommt, heiliger Mann, es

will sein Heu haben. Nun werden wir ja gleich wissen, ob der Jan wirklich Gnade verdient!"

Und dann führte er den Schimmel zuerst zu Minas Holzschuhen. Der Schimmel zermalmte das Heu mit Hochgenuss. Dann ging er zu den Schuhen von Kees. Dort schnupperte er erst ein wenig und ließ sich Zeit beim Fressen. Aber schließlich war das Heu doch verschwunden. Und nun kam Jans einzelner Holzschuh an die Reihe. Der Schimmel blähte die Nüstern, schnaubte verächtlich, drehte den Kopf ab und trabte auf leisen Hufen hinaus, ohne das Heu auch nur berührt zu haben.

Sankt Nikolaus strich sich nachdenklich den Bart.

„Ja, es sieht fast so aus, als ob der kleine Jan nichts bekommen sollte", meinte er dann. „Aber im Vertrauen, mein guter Piet" – er dämpfte die Stimme und warf einen vorsichtigen Blick auf die Tür –, „ganz unter uns, manchmal finde ich den Schimmel schon recht verwöhnt und wählerisch. Deshalb wollen wir uns nicht übereilen, sondern den Fall Jan in aller Ruhe überlegen."

Das taten sie denn auch mit gutem Erfolg. […] Am nächsten Morgen waren die Kinder früher wach als gewöhnlich. Sie sprangen aus dem Bett, wuschen sich, fuhren in die Kleider und liefen hinunter ins Wohnzimmer so schnell es ging.

Mina war zuerst da. „Seht nun, seht!", rief

sie aufgeregt, „mein Heu ist weg! Und da liegt ein Lebkuchen mit einem großen ‚M' aus Schokolade drauf, und – oh! die wunderschöne Puppe!" Dann kam Kees. „Mein Heu hat dem Schimmel auch geschmeckt", sagte er befriedigt. „Und einen Lebkuchen mit einem ‚K' aus Schokolade habe ich auch bekommen. Und wahrhaftig – ein Paar Schlittschuhe, ganz nach Wunsch! Fein!" Jetzt wandten sich die Geschwister ihrem kleinen Bruder zu. „Was hat dir der Nikolaus gebracht?", fragten sie.

Jan stand da und schluckte an den Tränen, die ihm immer wieder in die Augen traten. „Ein Paar Ho-Ho-Holzschuhe!", druckste er schließlich heraus.

„Sonst nichts?"

„Nein, sonst nichts!" Jan schluckte wieder. „D-d-der Schimmel hat mein Heu nicht gemocht."

Jetzt kam auch die Mutter dazu. „Nimm das Heu einmal heraus", riet sie, vielleicht steckt etwas dahinter!"

Gehorsam zupfte Jan an dem Heu. „Ein Brief", murmelte er dann, „da ist ein Brief für mich."

„Lies! Lies!", drängten ihn die Geschwister. Und Jan las: „Falls Jan seiner Mutter feierlich verspricht, die neuen Holzschuhe immer brav an den Füßen zu tragen, dann darf er in der großen Uhr nachsehen, ob nicht darin etwas für ihn verborgen ist."

„Ei", sagte die Mutter, „das ist einmal etwas Besonderes! Ein Geschenk in der Standuhr gegen ein Versprechen! Was hältst du davon, Jan?"

„Versprich es! Versprich es!", riefen die Geschwister aufgeregt.

Aber die Mutter meinte: „Mit dem Versprechen allein ist es wohl nicht getan! Ein Versprechen muss man auch halten. Jan, mach dir das ernsthaft klar!"

Da stellte sich Jan in die Mitte der Stube und erklärte mit lauter Stimme:

„Ich verspreche ausdrücklich, dass ich die neuen Holzschuhe, die mir der heilige Nikolaus gebracht hat, immer fest an beiden Füßen tragen will!"

„So ist es recht", sagte die Mutter. „Und jetzt schau in der Uhr nach!"

Das ließ sich Jan nicht zweimal sagen! Und was denkt ihr, dass er fand? Jawohl, ihr habt richtig geraten: ein Schiff, ein wunderschönes Segelschiff, mit allem Takelwerk, das dazugehört. Und am Bug stand deutlich der Name zu lesen: „Der Schwarze Piet"!

So nimmt diese Nikolausgeschichte ein gutes Ende, und es bleibt nur noch zu sagen, dass der kleine Jan sein Versprechen wirklich gehalten hat!

Antonia Ridge

Die zweite Woche im Advent

Licht

Von der Wärme des Lichts

Kaum ein anderes Symbol spielt in der Adventszeit eine so zentrale Rolle wie das Licht. Gerade jetzt, wo die Tage immer kürzer werden und es schon früh dunkel wird, entfaltet sich vor unseren Augen ein bezauberndes Lichterspiel, ohne das wir uns die Vorweihnachtszeit kaum noch vorstellen können: Lichterketten, leuchtende Sterne und Schwibbögen schmücken die Fenster; in den Vorgärten erstrahlen Bäume und Büsche im Lichterglanz, ja, sogar ganze Häuserfronten werden beleuchtet. Auch die Innenstädte erhalten ein neues Gesicht. Die Einkaufsstraßen werden mit adventlichen Lichterketten geschmückt und manche Stadt wurde schon für ihre vorweihnachtlichen Lichtwochen berühmt. Auch die Weihnachts- und Christkindl-Märkte – vor allem die mit langer Tradition wie in Nürnberg, Dresden, München oder Frankfurt – sorgen mit ihren verlockenden Düften und Lichtspielen für vorweihnachtliche Stimmung.

Das Schönste aber ist und bleibt das Kerzenlicht, das zu Hause angezündet wird, sei es am Adventskranz, um den sich die Familie versammelt, in den Teelichtern, die den Weg zur Krippe weisen, oder auf Drehpyramiden, die Engel oder Hirten in Bewegung bringen. In der Kerze als einem sich selbst verzehrenden Licht hat sich am meisten von der ursprünglichen Symbolkraft des Lichts erhalten. Es ist ein lebendiges Licht, das Wärme, Trost und Geborgenheit schenkt. Auf eine sanfte, fast tapfere Weise erleuchtet es nicht nur die Dunkelheit, sondern taucht die Adventszeit in einen warmen Glanz, der auch unsere Herzen nicht unberührt lässt. So wird die Adventszeit zu einem geheimnisvollen Wechselspiel von Dunkelheit und Licht. Je dunkler die Tage werden, umso mehr Kerzen erstrahlen nicht nur auf dem Adventskranz. Sie sind Symbole der Hoffnung für das zunehmende Licht in der Dunkelheit und verweisen auf das kommende Licht: die Geburt Jesu an Weihnachten. Selbst in den profanen Lichtbräuchen drückt sich der Wunsch und die Sehnsucht nach mehr Licht in der Dunkelheit aus. Und wie das Licht auf die Dunkelheit angewiesen ist, weil sich sein Strahlen erst dort entfalten kann, so gilt die Weihnachtsbotschaft des Lichts gerade für die, die schweren Herzens sind.

Wissenswertes rund um das Symbol des Lichts

Lichtbräuche

Das Symbol des Lichts hat in fast allen Kulturen und Religionen eine besondere Bedeutung. Vielleicht ist dies am ehesten zu verstehen, wenn man sich jene Zeit vergegenwärtigt, in der es noch kein elektrisches Licht gab und der Tagesablauf wesentlich von „lebendigen" Lichtquellen bestimmt wurde. So sprechen die verschiedenen Lichtbräuche, die sich in der dunklen Winterzeit gebildet haben – ganz gleich, ob es sich um die Lichterfeste im Norden rund um die Wintersonnenwende, die Laternenumzüge am Sankt Martins-Tag oder um adventliche Lichtbräuche handelt – von der Sehnsucht nach Licht. Einerseits äußert sich in ihnen ganz konkret der Wunsch, dass die Tage doch bald wieder länger und heller werden mögen. Andererseits aber hat das Licht auch immer einen symbolischen Wert: Es weist den Weg, bietet Orientierung, vertreibt die Angst, verströmt Wärme, schenkt Trost und Geborgenheit. Auch die Lichtsymbole im Advent, angefangen von den vier Kerzen auf dem Adventskranz bis hin zum kerzengeschmückten Tannenbaum weisen auf das „Licht" voraus, das mit Christi Geburt in die Welt gekommen ist: Es will die Dunkelheit vertreiben und die Herzen der Menschen mit Hoffnung erfüllen.

Santa Lucia und das »Fest des Lichts«

In Schweden, wo im Dezember die Sonne nur wenige Stunden scheint, wird am 13. Dezember zu Ehren der Heiligen Lucia das „Fest des Lichts" gefeiert. Es erinnert an Lucia, eine junge Frau aus Syrakus auf Sizilien, die im 3. Jahrhundert zur Zeit der Christenverfolgung lebte. Sie legte ein Keuschheitsgelübde ab, verteilte ihren Besitz unter den Armen und starb um 300 n. Chr. als Märtyrerin.

Ihr Name Lucia bedeutet „die Lichte" bzw. „Lichtvolle" oder die „Leuchtende". Um ihr vorbildhaftes Leben ranken sich viele Legenden, die wiederum Anlass für zahlreiche Lichtbräuche und Volksfeste sind. So soll sie ihren verfolgten Glaubensgenossen in der Nacht heimlich Lebensmittel gebracht haben. Da ihre Hände mit Speisen beladen waren, setzte sie sich einen Lichterkranz auf den Kopf, um den Weg im Dunkeln zu finden. In Schweden übernimmt am 13. Dezember die jeweils älteste Tochter die Rolle der „Luzien-Braut": Bekleidet mit einem weißen Gewand und einem Kranz aus Preiselbeerzweigen mit brennenden Kerzen auf dem Kopf, geht sie von Zimmer zu Zimmer, weckt ihre Eltern und Geschwister und bringt ihnen Gebäck. Lucia ist eine durch und durch positiv besetzte Lichtgestalt, die vor allem in den nordeuropäischen Ländern, aber auch in Italien verehrt wird. Als Lichtbringerin wird sie zum Vorboten des Weihnachtslichts.

Chanukka – das jüdische Lichterfest

Wie beim Weihnachtsfest der Christen so spielt auch beim jüdischen Chanukkafest, das ebenfalls im Winter gefeiert wird, das Licht eine ganz besondere Rolle. Es erinnert an den Sieg der Juden über die seleukidische Herrschaft im Jahr 165 v. Chr. Nach jahrelanger Unterdrückung war es den Juden unter Führung von Judas Makkabäus gelungen, den übermächtigen Gegner zu überwinden und den Tempel in Jerusalem wieder zurückzuerobern. Nun sollte der Tempel gereinigt und neu geweiht werden. Genau das bedeutet das hebräische Wort „Chanukka" – „Einweihung". Als man dazu jedoch die Menora, den siebenarmigen Leuchter, vor dem Allerhei-

ligsten entzünden wollte, fand sich nur eine kleine Menge des dafür benötigten koscheren (= geweihten) Olivenöls. Es hätte höchstens für einen Tag gereicht. Trotzdem wurden die Lichter angezündet und das Wunder geschah: Die Lichter brannten acht Tage lang, bis genügend neues Öl angefertigt worden war. In Erinnerung an dieses Lichtwunder wird Chanukka acht Tage lang gefeiert. An einem besonderen Leuchter, der möglichst ins Fenster gestellt werden soll, wird täglich nach Einbruch der Dunkelheit mit Hilfe einer „Diener"-Kerze jeweils eine Kerze mehr angezündet, bis alle Lichter brennen. Dazu wird gesungen, aus der Tora gelesen und es werden besondere in Öl gebackene Speisen gegessen. Vor allem die Kinder lieben dieses Fest, denn sie bekommen an jedem der acht Tage Geschenke und es ist ihnen vorbehalten, die Lichter des Leuchters anzuzünden.

Zweierlei Licht

Gleichzeitig mit dem Singschwan kam Dominikus. Er kam in einem langen schmalen Boot über den See. Er kam vom Süden.

„Von da, wo der Singschwan seinen Winter verbringt?", fragte ihn die alte Ononu, als er keuchend sein Gepäck vor dem Blockhaus ablud. Dominikus nickte.

„Tritt in die Hütte", forderte die alte Frau ihn auf. Doch die Koffer, die schwer von Büchern waren, mussten so lange auf der Schwelle warten, bis Ononu wusste, wer Dominikus war und was ihn in den hohen Norden getrieben hatte.

Karilo, Ononus neunjähriger Enkel, freute sich über den Gast. Zwar war Dominikus viel älter, doch hatte er ein junges und helles Gesicht.

„Vielleicht wird er mein Bruder", hoffte Karilo, als er dicht bei seinem Lager aus Rentierfellen eine Schlafstätte für Dominikus schaffte. „Wie lange bleibst du?", forschte er.

„Bis ihr meiner überdrüssig werdet", gab der Ältere lächelnd zurück.

„Das werden wir nie!", beteuerte Karilo mit Eifer. „Wir sind glücklich, einen Mann in der Hütte zu haben. Seit mein Vater tot ist, fühlen Ononu und ich uns mitunter sehr einsam. Die nächste Hütte liegt mehr als eine Stunde entfernt."

„Und deine Mutter, Karilo?"

„Sie ist ebenfalls tot. – Wie lange bleibst du?", fragte der Junge ein zweites Mal.

Die Graugänse kamen. Die Wildgänse kamen. Dominikus und Karilo waren Brüder geworden.

Oft fuhren sie über den großen See, und Karilo zeigte seinem Freund die unzähligen Inseln ohne Namen.

Bald blühten Goldruten und Kugelranunkeln, und selbst in der tiefsten Mitternacht ging die Sonne nicht mehr unter. Es war Sommer geworden. Noch immer wohnte Dominikus in der Hütte am Ufer des großen Sees.

[…]

Wie schnell verging der arktische Sommer! Die Wildgänse kehrten in den Süden zurück, und bald trompetete auch der Singschwan ein letztes Mal über den großen See. Das Riedgras schimmerte unter dem Rauhreif, und Dominikus dachte an den Abschied.

Früh fiel der erste Schnee. Die Bäume bogen sich unter der Last, und manchmal, wenn die Freunde mit dem Rentierschlitten durch die Wälder glitten, hörten sie, wie eine Birke ächzend zusammenbrach.

Im Dezember begann die Zeit der großen Finsternis. Doch gab es, obwohl die Sonne nie mehr aufging, dunklere und hellere Tage.

An den helleren Tagen, wenn anderenorts die Sonne schien, füllten Dominikus und sein kleiner Freund ihre Stiefel ausreichend mit wärmendem Heu und stapften über den verschneiten See. Die unsichtbaren Sonnenstrahlen färbten die vorbeischwimmenden Wolken ganz rot, und in der Nacht, die einem so hellen Tag folgte, tanzte das Nordlicht über den Himmel.

An den dunkleren Tagen jedoch blieben die Freunde in der warmen Hütte. Sie kauerten vor der Feuerstelle, hörten den knackenden Scheiten zu und unterhielten sich miteinander. Immer häufiger erwähnte der Gast seinen Abschied.

„Warum, Dominikus?", fragte der Junge.

„Weil ich Weihnachten daheim sein will."

„Weihnachten? Was ist das, Dominikus?"

„Hast du noch nie vom Christfest gehört?"

„Lass den Jungen in Frieden!", fuhr ihn die Großmutter unwillig an.

[…]

Die Tage wurden nun dunkler und dunkler. Der Wind kam vom Eismeer. Er tobte um die Hütte, zerrte an den Läden, und Karilo stellte unermüdlich seine Fragen. Die richtige Antwort für ihn zu finden fiel Dominikus mitunter sehr schwer.

„Heute", sagte er eines Tages, als er in den Kalender sah, „zünden die Leute bei mir zu Hause schon die zweite Kerze an. Heute ist der zweite Advent."

„Advent? Was ist das?", fragte der Junge.

Geduldig bemühte sich Dominikus, dem Jungen den Sinn des Advent zu erklären. „Es ist Vorbereitung, Karilo. Das Warten und Hoffen auf das Licht", fasste Dominikus noch einmal zusammen.

Karilo nickte. Er glaubte den Freund verstanden zu haben.

„Es ist wie bei uns, Dominikus. Wir warten und hoffen auch auf das Licht. Soll ich dir sagen, was ich tue, am Tag bevor es wiederkommt?" Und ohne eine Antwort abzuwarten, fuhr der Junge eifrig fort. „Ich steige auf den höchsten Hügel, um dem Licht ganz nah zu sein. Viele steigen auf die Hügel, weil sie es kaum mehr erwarten können. Und wenn wir die Sonne dann plötzlich sehen, fallen wir vor Freude auf die Erde. – Werdet ihr auch närrisch vor Glück?"

Dominikus schüttelte den Kopf.

„Nicht närrisch, Karilo. Aber genauso glücklich. Wir warten auf ein anderes Licht."

„Das nicht so hell ist wie die Sonne?"

„Heller, Karilo. Aber es kommt von innen. Wir warten auf ein Licht, das von innen kommt."

Oft, wenn er so zu dem Jungen sprach, hörte er die Großmutter vor dem Feuer kichern. Jetzt kicherte sie wieder.

„Vermutlich rede ich viel dummes Zeug",

regte sich Dominikus auf. „Es fällt mir schwer, die richtigen Worte zu finden. Ich habe die Religion nicht studiert! Ononu, warum lässt du nicht den Priester ins Haus, damit er den Jungen unterrichtet?"

„Ich will mit ihm nichts zu schaffen haben!", wies ihn die alte Frau zurecht.

Eine Weile blieb es sehr still in der Hütte. Dominikus überlegte sich, ob es nicht ratsam wäre, auf der Stelle abzureisen. Doch als er Karilos schüchterne Frage hörte: „Was ist ein Licht, das von innen kommt?", wusste er, dass er noch bleiben musste.

„Hör mich an, Karilo", sagte er. „Weihnachten ist das Fest der Liebe. Das Christkind ist geboren, um uns die Liebe zu bringen. Die Güte, Karilo, verstehst du mich?"

Der Junge dachte darüber nach. Dann fragte er: „Ist die Liebe das Licht, das von innen kommt?"

Dominikus nickte. Er war erleichtert. Der Junge hatte ihn verstanden. „Und um sich auf das Weihnachtsfest vorzubereiten, bemüht man sich, viel Gutes zu tun."

„Damit man leuchtet", sagte Karilo.

Dominikus wunderte sich oft über den Jungen. Aber er lächelte nie über ihn.

Einmal, als sie beisammen saßen

und Dominikus von dem Lichterbaum und der Krippe, die man darunter errichtet, erzählte, fiel ihm etwas längst Vergessenes wieder ein.

„Schon in der Adventszeit", begann Dominikus, „stellte meine Mutter die Krippe auf. Und für jede gute Tat durfte ich einen Strohhalm in die Krippe legen, damit das Christkind am Heiligen Abend weich und warm darauf gebettet war. – Wie habe ich mich damals bemüht, ein wirklich guter Junge zu sein!"

Ohne Zögern beschloss Karilo: „Auch ich will gut sein. – Schnitz mir eine Krippe, Dominikus."

Diesen Tag nun verbrachten die Freunde damit, aus Astwerk und Rinde eine Krippe zu bauen. Am Abend war ihre Arbeit geschafft.

„Eine schöne Krippe", fand Karilo. Doch gab er Dominikus zu bedenken, dass seine Krippe sinnlos sei, solange das Christkind fehle. Darum bettelte er am Tag darauf: „Schnitz mir ein Christkind, Dominikus." Dominikus war zwar guten Willens, dennoch aber sehr ungeschickt, und der Junge entwand ihm lachend das Messer.

„Ich kann es besser", sagte er, und unter seinen geübten Händen wurde das störrische Holz gefügig.

Dominikus staunte. Das Christkind, das Karilo schnitzte, bekam ein flächiges und breites Gesicht, mit hohen Backenknochen

und schräg geschnittenen, tiefen Augen. Das Christkind sah Karilo sehr ähnlich, und es passte genau in die Krippe hinein.

„Du brauchst viel Stroh für deine Krippe", erinnerte Dominikus seinen Freund.

„Darum vergiss deine guten Taten nicht!"

„Was kann ich tun, um gut zu sein?", fragte der Junge und sah sich suchend in der Hütte um. Da fiel sein Blick auf die Großmutter vor dem Feuer, und schon stürzte er begeistert fort. Oftmals kehrte er schwer beladen mit Birkenholzscheiten wieder zurück. Und jedes Mal brachte er einen Strohhalm mit.

„Sechs Halme, Dominikus", sagte er und betrachtete glücklich und stolz seine Krippe. „Ich glaube, ich beginne gut zu sein."

Noch nie war ihm die dunkle Zeit so schön vorgekommen. Er schnitzte einen Josef, eine Maria und dachte unentwegt an gute Taten. Und eines Tages war es soweit. Die Koffer waren verschnürt, und alles, was Dominikus nun unternahm, eine Fahrt durch den Wald, ein Gang über den See, bekam plötzlich eine besondere Bedeutung. Denn alles geschah zum letzten Mal. So stand er ein letztes Mal vor der Krippe.

Karilos Stall war ein Blockhaus geworden, und seine Hirten hielten ergeben ihre Vierwindmützen vor der Brust. Zwei Rentiere gab es, statt Ochs und Esel, und abseits, hinter einem Hügel aus Moos, standen zwei andächtige braune Bären.

„Bären, Karilo?"

„Bären sind neugierig, Dominikus. Sie kommen immer, sobald es etwas Besonderes gibt. Es wäre falsch, sie wegzulassen."

„Wahrhaftig", ging es Dominikus durch den Kopf. „Dieser Stall ist durch und durch arktisch und hat mit dem Stall von Bethlehem nichts zu schaffen. Jedoch …"

„Dominikus?", unterbrach Karilo ängstlich seine Gedanken. „Bist du mit meinem Stall nicht zufrieden?" Dominikus sah den Jungen an.

„Glaub mir, Karilo", sagte er, „das Christkind kann nirgendwo wärmer liegen." Und er erinnerte sich sehr wohl, dass damals, in seiner Krippe, nicht halb so viele Strohhalme lagen wie in dieser.

Als sie über den See fuhren und das Rentier zu größerer Eile antrieben, um rechtzeitig den Postomnibus zu erreichen, stellte Karilo plötzlich fest: „Ich bin reicher als die Kinder bei dir zu Haus."

„Du bist reicher, Karilo?"

„Ich habe die Sonne, auf die ich warte, und ich warte auf das Weihnachtslicht. Zweierlei Licht, Dominikus! Wer außer mir ist wohl so reich!"

Nanna Reiter

Lichteinfall

Das Licht ist aus dem Stall der Welt.
Seht da, wie Licht ins Dunkel fällt,
ein Einfall, wie nur Gott ihn kennt,
die Nacht, sie brennt.

Die Nacht, der Stern, das Kind im Stall –
ein heilger Ort im Weltenall,
wo Gott und Mensch sich einig sind
in einem Kind.

Wir sind die Nacht, und er ist das Licht,
es trifft auf uns – und es zerbricht.
Seht da: das Licht der Welt an uns
in Strahlen zerfällt.

Wilhelm Willms

Farbenfrohe Lichterketten

Das wird gebraucht:

2 DIN A3-Bogen Architekten- oder Transparentpapier
dickerer Qualität (ca. 115 g)
gute Wachsmalstifte (z.B. von Stockmar)
1 Lichterkette mit 10 Lämpchen
Bügeleisen, Schere, Tesafilm und Hefter

So wird's gemacht:

Das Bügelbrett oder eine andere hitzeverträgliche Arbeitsfläche mit einem alten Tuch abdecken. Ein Blatt des Architektenpapiers darauf legen und mit einem Schälmesser kleine Streifen Wachs von den Wachsmalstiften auf das Papier schälen. Den besten Effekt erzielt man, wenn nur zwei, höchstens drei Farben verwendet werden, die gut miteinander harmonieren, beispielsweise Blau und Gelb (= grünliche Färbung) oder Rot und Gelb bzw. Orange. Anschließend das zweite Blatt darüber legen und mit einem Bügeleisen ohne Dampf ein- bis zweimal überbügeln, so dass das Wachs verläuft. Die Blätter, solange sie noch heiß sind, auseinander ziehen und abkühlen lassen. Aus den Wachspapieren etwa zehn 7 x 9 cm große Rechtecke ausschneiden und jeweils so um eine Lichterkettenkerze legen, dass eine Tüte entsteht. Jede Tüte wird am offenen Ende mit einer Heftklammer zusammengetackert und am spitzen Ende mit Tesafilm fixiert. Da Tesafilm auf Wachs schlecht hält, empfiehlt es sich, die Wachsseite nach innen zu nehmen.

Der Weihnachts- oder Christbaum

Der Brauch, im Winter immergrüne Zweige als Symbol der Hoffnung, aber auch zur Vertreibung von Unholden und Geistern ins Haus zu holen, reicht bis in die vorchristliche Zeit zurück. So sollen schon die Römer ihre Häuser zum Jahreswechsel mit Lorbeerzweigen geschmückt haben. Im Mittelalter wurden Buchsbäume, Stechpalmen, Wacholderbüschen, Misteln oder Efeu heilende und reinigende Kräfte zugeschrieben. Doch der mit Kerzen geschmückte Christbaum, wie wir ihn kennen, ist erst gut 400 Jahre alt. Seine Heimat, so heißt es, ist das Elsaß. Dort wurden bereits im 16. Jahrhundert kleine Eiben, Buchsbäume oder Tannen zur Weihnachtszeit verkauft. Der erste kleine mit Äpfeln und bunten Papierrosen geschmückte Tannenbaum (Hinweise auf den Paradiesbaum und die Rose vom Zweig Jesse) stand vermutlich 1605 in einer Straßburger Stube. Von hier aus verbreitete sich die Sitte allmählich, vor allem in den protestantischen Gebieten Deutschlands. Neben Äpfeln, Nüssen, Gebäck, Zuckerzeug und Lametta wurde der Weihnachtsbaum jetzt auch immer häufiger mit Kerzen geschmückt. Sie symbolisieren das „Licht", das mit Christi Geburt in die Welt gekommen ist. Von Deutschland aus, wo der Christbaum inzwischen zu den beliebtesten Weihnachtssymbolen zählt, wanderte der Brauch in die ganze Welt und erfreut sich zunehmender Beliebtheit.

Am Weihnachtsbaum die Lichter brennen

1. Am Weih - nachts - baum die Lich - ter
bren - nen, wie glänzt er fest - lich, lieb und
mild als spräch er: "Wollt in mir er -
ken - nen ge - treu - er Hoff - nung stil - les Bild!"

Text: Herman Kletke
Melodie: aus Österreich

2. Die Kinder stehn mit hellen Blicken,
das Auge lacht, es lacht das Herz;
o fröhlich seliges Entzücken!
Die Alten schauen himmelwärts.

3. Zwei Engel sind hereingetreten,
kein Auge hat sie kommen sehn;
sie gehn zum Weihnachtstisch und beten
und wenden wieder sich und gehen.

4. „Gesegnet seid, ihr alten Leute,
gesegnet sei, du kleine Schar!
Wir bringen Gottes Segen heute
dem braunen wie dem weißen Haar.

5. Zu guten Menschen, die sich lieben,
schickt uns der Herr als Boten aus,
und seid ihr treu und fromm geblieben,
wir treten wieder in dies Haus."

6. Kein Ohr hat ihren Spruch vernommen;
unsichtbar jedes Menschen Blick
sind sie gegangen wie gekommen;
doch Gottes Segen blieb zurück!

Am Weihnachtsbaum die Lichter brennen

Das Weihnachtsbäumlein

Es war einmal ein Tännelein
mit braunen Kuchenherzlein
und Glitzergold und Äpflein fein
und vielen bunten Kerzlein:
Das war am Weihnachtsfest so grün,
als fing es eben an zu blühn.

Doch nach nicht gar zu langer Zeit,
da stands im Garten unten,
und seine ganze Herrlichkeit
war, ach, dahingeschwunden.
Die grünen Nadeln war'n verdorrt,
die Herzlein und die Kerzlein fort.

Bis eines Tags der Gärtner kam,
den fror zu Haus im Dunkeln,
und es in seinen Ofen nahm —
hei! tats da sprühn und funkeln!
Und flammte jubelnd himmelwärts
in hundert Flämmlein an Gottes Herz.

Christian Morgenstern

Engel als Boten des Lichts

Nicht von ungefähr begegnen sie uns in der Advents- und Weihnachtszeit überall: Engel aus Papier, Goldfolie oder Holz, Tonengel mit einem weit geöffneten Gesangsmund und Kerzen in ihren Händen, als Motiv auf Weihnachtskarten und Geschenkpapier oder bei Krippenspielen. In der Weihnachtsgeschichte spielen Engel eine zentrale Rolle. Sie sind die Boten Gottes, die den Menschen entscheidende Mitteilungen bringen.

So kündet der Erzengel Gabriel Maria die Geburt Jesu an, ein Engel bringt den Hirten auf dem dunklen Felde die freudige Nachricht von der Geburt des Messias und wieder ist es ein Engel, der Maria und Josef im Traum erscheint und sie zur Flucht nach Ägypten bewegt, damit ihr Kind Jesus dem Wüten des Königs Herodes entgeht. Obwohl wir nicht recht wissen, wie wir uns Engel eigentlich vorstellen sollen, beflügeln sie unsere Fantasie. Es gibt unzählige Darstellungen von Engeln, die sie mit oder ohne Flügel, meist umgeben von einem strahlenden Glanz zeigen. Engel sind Lichtgestalten und Boten des Lichts, von denen wir uns gerne berühren lassen würden.

Schimmerchen

Wenn die Menschen vor Weihnachten die Adventskerzen anzünden und dabei stille sind, Geschichten hören oder Weihnachtslieder singen, dann geschieht oft etwas Geheimnisvolles. Weihnachtsengel huschen unbemerkt durchs Zimmer und legen über die Kerzen ein himmlisches Licht. Manchmal flackern die Kerzen dabei ein wenig auf, aber nicht immer. Sie brennen genauso, wie zuvor, und doch haben sie danach ein anderes, besonderes Leuchten, tragen etwas Himmlisches in ihrer Flamme. Die Menschen können das natürlich nicht sehen, aber manche spüren es vielleicht, vor allem die Kinder.

Nun war da auch einmal ein Weihnachtsengel, der solch himmlische Lichter zu den Menschen brachte. Er flog von Haus zu Haus und schaute nach, wo gerade eine Adventskerze brannte. Und wenn er eine fand, legte er heimlich und ungesehen ein himmlisches Licht darüber und flog weiter. Das machte er schon seit über hundert Jahren so. Aber einmal hatte er dabei ein Erlebnis, das er wohl nie vergessen wird.

Es war erst kürzlich, in einer Nacht im Advent. Wieder einmal flog der Weihnachtsengel durch die Straßen, da sah er neben sich ein Blinken und Leuchten. Dann verschwand es wieder. Was mochte das sein? Irgendwie kam ihm die Sache eigenartig vor. Der Engel stoppte seinen Flug, um nach diesem seltsamen Blinken zu suchen, es sich näher anzuschauen. Und was sah er: einen winzigkleinen Sonnenstrahl, der da um ihn herumtanzte.

„Was macht du denn hier?", fragte der Weihnachtsengel. „Es ist doch Nacht und keine Zeit für Sonnenstrahlen. Und so klein, wie du bist! Wie heißt du eigentlich?"

„Ich bin Schimmerchen", sagte der Sonnenstrahl, „weißt du, die Sonne lässt mich an diesen Wintertagen nicht mehr heraus. Da bin ich heute Nacht einfach davongeflogen. Ich wollte wieder einmal zu den Menschen und dachte, ich könnte dich vielleicht begleiten, wenn du Himmelslichter über die Kerzen legst."

Der Engel lächelte: „Was für Ideen hast du nur, Schimmerchen. Es ist nicht deine Aufgabe, Himmelslichter über die Adventskerzen zu legen. Du musst jetzt bei der Sonne bleiben, dich schön warm halten, damit du im Frühling kräftig genug bist, um die Blumen zu wecken."

„Meinst du? Aber die großen Sonnenstrahlen, die dürfen auch im Winter manchmal ausfliegen", beklagte sich Schimmerchen. Dabei wurde sein Blinken schwächer und schwächer und sein Leuchten verblasste immer mehr.

Schnell nahm der Engel den kleinen Sonnen-

himmlisches Leuchten, Wärme und Helligkeit auf die Erde. Das ist eine wunderschöne Aufgabe. Freue dich darauf. Doch dafür musst du erst noch etwas größer, etwas heller und wärmer werden. Und das kannst du nur bei der Sonne."

strahl in die Arme und hüllte ihn ein in sein himmlisches Licht. Behutsam flüsterte er ihm zu: „Die großen Sonnenstrahlen haben so viel Kraft, dass sie ab und zu auch in der Kälte scheinen können. Aber du, Schimmerchen, du solltest dich noch ein wenig an der Sonne wärmen. Im Frühling wirst du dann so hell und strahlend sein, dass du den Menschen auch ein himmlisches Licht bringen kannst."

Schimmerchen horchte auf: „Kann ich das dann wirklich? Darf ich im Frühling den Menschen ein himmlisches Licht bringen, so wie du jetzt?"

„Vielleicht ein wenig anders", sagte der Engel, „aber auch Sonnenstrahlen tragen

„Ich friere auf einmal", gestand Schimmerchen, „ich möchte gerne wieder zu meiner Sonne zurück, aber ich glaube, ich bin zu schwach dazu."

Da trug der Engel den kleinen frierenden Sonnenstrahl hinauf in den Himmel hinter die Wolken. Dort sitzt Schimmerchen jetzt und kuschelt sich an die Sonne, damit es bald kräftig und stark wird, wie die großen Sonnenstrahlen. Der Weihnachtsengel aber flog zur Erde zurück. Dort huscht er nun wieder in die Häuser der Menschen und legt himmlische Lichter über die Adventskerzen. Vielleicht kommt er auch einmal zu uns.

Ingeborg Pilgram-Brückner

Leuchtende Orangenschnitten

Das wird gebraucht:

250 g Mehl

75 g Zucker

1 gestrichener TL Backpulver

1 Ei

125 g Butter

für die Füllung:

125 g gehackte Mandeln

140 g Zucker

Saft und abgeriebene Schale einer Orange

für die Glasur:

150 g Puderzucker

1-2 TL Orangensaft

zum Verzieren:

30 abgezogene Mandeln

So wird's gemacht:

Das mit Backpulver vermischte Mehl auf die Arbeitsfläche geben und in die Mitte eine Mulde drücken. Zucker und Ei in die Mitte geben und mit einer Gabel verrühren. Die Butter in Flöckchen an den Rand geben, alles zu einem glatten Teig verkneten und kühl stellen.

Für die Füllung die gehackten Mandeln, Zucker und Orangenschale vermischen. So viel Saft unterrühren, bis die Masse streichfähig wird. Den Teig halbieren. Die eine Hälfte auf einem mit Backpapier ausgelegten Backblech zu einem Rechteck ausrollen (ca. 25-30 cm) und mit der Füllung bestreichen. Dabei ca. 1 cm Rand frei lassen. Die andere Hälfte des Teigs zu einem etwa gleich großen Rechteck ausrollen, wenn möglich auf Pergamentpapier. Vorsichtig das erste Teigstück damit zudecken, die Ränder gut zusammendrücken, damit die Füllung nicht herausläuft, und oben mit der Gabel ein paar Mal einstechen.

Bei 180-200 Grad (E-Herd, Gas: Stufe 3, Umluft: 170-190 Grad) 20 - 25 Minuten backen.

Den noch heißen Kuchen mit der Glasur bestreichen, mit einem Messer vorsichtig in Stücke teilen und jeweils mit einer Mandel verzieren.

Bethmännchen (ca. 30 Stück)

Das wird gebraucht:

200 g Marzipanrohmasse

80 g Puderzucker

80 g gemahlene Mandeln

2 EL Mehl

1 Eiweiß

1 EL Orangenlikör

40 ganze geschälte Mandeln

1 Eigelb

1 EL Milch

So wird's gemacht:

Das grob gehackte Marzipan mit Puderzucker,
Mandeln, Mehl, Eiweiß und Likör verkneten.
Walnussgroße Kugeln formen und auf ein mit
Backpapier ausgelegtes Backblech legen.
Mandeln längs halbieren und je drei Mandelhälften
an ein Bethmännchen drücken. Eigelb mit Milch
verquirlen, die Bethmännchen damit bestreichen.
Im Backofen bei 175 Grad (E-Herd, Gas: Stufe 2,
Umluft: 160 Grad) ca. 15 Minuten backen.

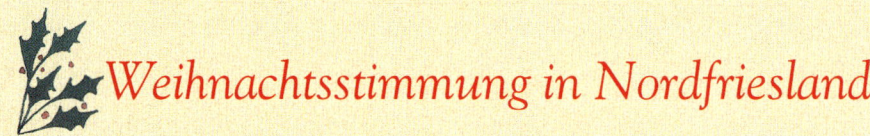 *Weihnachtsstimmung in Nordfriesland*

Sonntag, 1. Advent 10.00 Uhr.
In der Lecker Reihenhaussiedlung Wikingerstraße lässt sich die Rentnerin Erna B. durch ihren Enkel Norbert drei Elektrokerzen auf der Fensterbank ihres Wohnzimmers installieren. Vorweihnachtliche Stimmung breitet sich aus, die Freude ist groß.

10 Uhr 14:
Beim Entleeren des Mülleimers beobachtet Nachbar Ottfried P. die provokante Weihnachtsoffensive im Nebenhaus und kontert umgehend mit der Aufstellung des zehnarmigen dänischen Kerzensets zu je 15 Watt im Küchenfenster. Stunden später erstrahlt die gesamte Siedlung Wikingerstraße im besinnlichen Glanz von 134 Fensterdekorationen.

19 Uhr 03:
Im 14 km entfernten Kohlekraftwerk Niebüll registriert der wachhabende Ingenieur irrtümlich einen Defekt der Strom-Messgeräte für den Bereich Leck-Nord, ist aber zunächst arglos.

20 Uhr 17:
Horst und Heide E. gelingt der Anschluss einer Kettenschaltung von 96 Halogen-Filmleuchten, durch sämtliche Bäume ihres Obstgartens, ans Drehstromnetz. Teile der heimischen Vogelwelt beginnen verwirrt mit dem Nestbau.

20 Uhr 56:
Der Discothekenbesitzer Alfons K. sieht sich genötigt, seinerseits einen Teil zur vorweihnachtlichen Stimmung beizutragen und montiert auf dem Flachdach seines Bungalows das Laserensemble Metropolis, das zu den leistungsstärksten Europas zählt.
Die 40-Meter-Fassade eines angrenzenden Getreidesilos hält dem Dauerfeuer der Nikolausprojektion mehrere Minuten stand, bevor sie mit einem hässlichen Geräusch zerbröckelt.

21 Uhr 30:
Im Trubel einer Jul-Club-Feier im Kohlekraftwerk Niebüll verhallt das Alarmsignal aus Generatorhalle 5.

21 Uhr 50:

Der 85-jährige Kriegsveteran August R. zaubert mit 190 Flakscheinwerfern des Typs Varta Volkssturm den Stern von Bethlehem an die tief hängende Wolkendecke.

22 Uhr 12:

Eine Gruppe asiatischer Geschäftsleute mit leichtem Gepäck und sommerlicher Bekleidung irrt verängstigt durch die Siedlung Wikingerstraße. Zuvor war eine Boeing 747 der Singapur Airlines mit dem Ziel Sidney versehentlich in der mit 3000 bunten Neonröhren gepflasterten Garagenzufahrt der Bäckerei Sievers gelandet.

22 Uhr 37:

Die NASA Raumsonde Voyager 7 funkt vom Rande der Milchstraße Bilder einer angeblichen Supernova auf der nördlichen Erdhalbkugel, die Experten in Houston sind ratlos.

22 Uhr 50:

Ein leichtes Beben erschüttert die Umgebung des Kohlekraftwerkes Niebüll, der gesamte Komplex mit seinen 30 Turbinen läuft mit 350 Megawatt brüllend jenseits der Belastungsgrenze.

23 Uhr 06:

In der taghell erleuchteten Siedlung Wikingerstraße erwacht Studentin Bettina U. und freut sich irrtümlich über den sonnigen Dezembermorgen. Um genau 23 Uhr 12 betätigt sie den Schalter ihrer Kaffeemaschine.

23 Uhr 12 und 14 Sekunden:

In die plötzliche Dunkelheit des gesamten Landkreises Nordfriesland bricht die Explosion des Kohlekraftwerkes Niebüll wie Donnerhall. Durch die stockfinsteren Ortschaften irren verwirrte Menschen wie du und ich, denen eine Kerze auf dem Adventskranz nicht genug war.

Verfasser unbekannt

Die dritte Woche im Advent

Stille

Von der Kraft der Stille

Die Adventszeit wird nicht umsonst auch „die stille Zeit" genannt. Gut vier Wochen stehen uns zur Verfügung, um einmal innezuhalten, den Alltag zu unterbrechen und uns auf das Weihnachtsfest vorzubereiten. Viele unserer schönen Rituale und liebevollen Anstrengungen dienen genau diesem Zweck: Sie sollen uns helfen, zur Ruhe zu kommen, unsere Gedanken und Erwartungen auf das bevorstehende Fest der Geburt Christi zu lenken und uns auf Weihnachten einzustimmen.

Für viele, insbesondere die Mütter, ist jedoch gerade die Adventszeit inzwischen zur turbulentesten Zeit im Jahr geworden. Ein Termin folgt dem nächsten: Kindergarten, Schule und Vereine laden zu Adventsnachmittagen, Bastelgruppen oder Nikolausfeiern ein. Geschenke müssen überlegt, besorgt und verpackt werden. Auch die Wohnung soll festlich geschmückt werden und nicht selten wird um den möglichst individuell gestalteten Adventskranz oder die ausgefallenste Dekoration gewetteifert. Da werden Plätzchen gebacken, das Festessen geplant und die notwendigen Einkäufe getätigt, zwischendurch muss die Weihnachtspost erledigt und die eine oder andere Einladung ausgesprochen werden. Wer zudem noch berufstätig ist, gerät erst recht in Hektik.

Kein Wunder, dass es bei diesem übervollen Programm immer schwerer fällt, die Adventszeit als positiv, entspannt und friedvoll zu erleben. Umso wertvoller werden dann jene Momente, in denen wir unserer Sehnsucht nach Ruhe und Stille nachgeben und bewusst eine „Auszeit" nehmen: eine Atempause, in der wir uns einfach einmal hinsetzen, die Kerzen anzünden, die adventlich geschmückten Räume auf uns wirken lassen oder die selbst gebackenen Plätzchen genießen. Ein Geschenk, das uns in die Lage versetzt, dem geheimnisvollen Zauber der Vorweihnachtszeit nachzuspüren.

Stille kann auf verschiedene Weise erlebt werden: Oft sind es die kleinen Rituale, wie der nachmittägliche Adventskakao oder die abendliche Vorlesestunde, die Inseln der Ruhe schaffen. Stille finden kann man auch im wohl verdienten Rückzug bei einem schönen Buch und entspannender Musik, bei einem gemeinsamen Spaziergang im winterlich verschneiten Wald oder an einem gemütlichen Abend, an dem Geschichten vorgelesen oder alte Fotos betrachtet werden. Und genau diese Momente der Stille werden es sein, die in Erinnerung bleiben, die uns Kraft für den Alltag geben und die rechte Weihnachtsfreude erst aufkommen lassen.

Willst auch du warm werden?

Willst auch du warm werden
und erleuchtet,
so dass dein Herz brennt,
willst du andächtig und fröhlich werden,
so gehe hin zur Krippe,
wo du stille seist
und das Bild dir tief ins Herz fassest.
Dann wirst du finden
Wunder über Wunder.

Martin Luther

Sich für den Advent vornehmen

Sich Zeit nehmen.
Weniger machen.
Die Stille suchen.
Wichtiges weniger wichtig nehmen.
Sich selbst weniger wichtig nehmen.
Das Notwendige auf seine Notwendigkeit
hin überprüfen.
Ruhig werden.
Negative Gedanken loslassen.
Ärger vorbeischwimmen lassen.
Fragen unbeantwortet lassen.
Sich selbst nicht nervös machen.
Andere nicht reizen.
Nachdenken und Zuhören.
Staunen über die kleinen Dinge des Lebens.
Einander helfen.
Verständnis zeigen.
Jemandem zulächeln.
Sich nicht zuviel vornehmen …

Anna Strobl

Brief eines Mandarins des 10. Jahrhunderts aus dem heutigen München

Mittwoch, 15. Dezember

Teurer Dji-gu.

Heute haben wir den letzten Herbstneumond. Wie immer verschwenden die Großnasen keinen Gedanken daran. (Übrigens sind – oder muss ich besser sagen: waren? – auch Kleiner Frau Chung die alten Riten völlig fremd; sie lebt nach der Sitte der Großnasen.) Dafür aber herrscht jetzt in der Stadt mehr Betriebsamkeit als gewöhnlich. Für die Großnasen gilt dieser Monat als Besonderheit, denn sie glauben, dass jener Gott, den sie verehren, an einem bestimmten Tag am Ende dieses Monats – kurz vor ihrem Neujahrsfest – geboren worden sei. Herr Shi-shmi, bei dem ich wieder zu Besuch war, weil vor einigen Tagen dort die Himmlische Vierheit musizierte, erklärte es mir: Die Zeit vor dem Fest, an dem die Erinnerung an die Geburt ihres Gottes gefeiert wird, heißt „Ankunft" und dient zur Sammlung der Gedanken, wird auch gern von allerlei Leuten in der Fern-Blick-Maschine „die stille Zeit" genannt. Es ist ein Hohn, denn nie im ganzen Jahr bisher war ein solcher Tumult auf der Straße wie eben jetzt. (Da fällt mir auf: Habe ich dir von der Fern-Blick-Maschine geschrieben? Ich glaube nicht. Ich verliere etwas den Überblick darüber, wovon ich dir schon erzählt habe und wovon nicht. Die Fern-Blick-Maschine ist einer der wichtigsten Gegenstände der Großnasen. Es ist eine grobe Unterlassung, wenn ich sie bisher nicht erwähnt habe. Ich werde das nachholen.)

Es ist üblich, sagte mir Herr Shi-shmi, dass man anlässlich des Gottes-Geburtsfestes, das auch „die Heilige Nacht" genannt wird, seinen Verwandten oder Freunden etwas schenkt. Es ist nicht nur üblich, es ist förmlich ein Zwang. Der Sohn schenkt den Eltern, die Eltern den Kindern, die Schwester dem Bruder, Onkel, Tante, aber auch Schwägern und Cousinen, selbst Nachbarn, Kollegen und Geschäftsfreunden wird geschenkt, die Untergebenen schenken dem Vorgesetzten, alle beschenken sich, ob sie sich leiden können oder nicht. Herr Shi-shmi stöhnt schon bei dem Gedanken, dass er ja rechtzeitig alle Geschenke beisammen hat. Seit Anfang des Monats sind die Großnasen in einem einzigen Rennen begriffen und jagen nach den unsäglichsten Dingen, die sie einander schenken könnten.

Die Kaufleute reiben sich natürlich die Hände. Wenn alle ihre Geschenke selber behalten würden, sagt Herr Shi-shmi, gäbe es das ganze Gewürge nicht, und es hätte noch den

Vorteil, dass man weiß, was man hat, denn in der Regel bekommt man unnötige, überflüssige und unschöne Dinge geschenkt, die man nicht wegwerfen darf, weil sonst der Schenkende beleidigt wäre, und auch nur unter Aufbietung größter Vorsicht und in gebührendem Abstand von einigen Jahren weiterschenken darf. Die Geschenke werden auf den Schlag am Abend des 24. Tages dieses Monats ausgetauscht. Das Schlimmste, was einem passieren kann, ist, dass man von jemandem etwas geschenkt bekommt, dem man seinerseits – entweder, man hat es für unnötig befunden oder gar vergessen – nichts geschenkt hat. Da die Geschenke auf einen Schlag ausgetauscht werden, ist dieser Fehler irreparabel, und der betreffende vergessliche oder nachlässige Beschenkte muss ein Jahr lang den Kopf einziehen und darf sich bei dem anderen nicht blicken lassen. So zermartern sich die Großnasen die Köpfe, dass sie ja keinen noch so entfernten Stiefonkel vergessen, und ich sehe Männer wie Weiber wie von Dämonen gepeitscht durch die schneenassen und eisverkrusteten Straßen hecheln, mit großen und kleinen Paketen bis über den Kopf beladen, die sie aus den Läden – wo sie sich hoch verschulden – nach Hause schleppen, um sie dort zu

horten, und am 24. Tag gegenseitig austauschen. Oft rutschen sie aus auf dem Eis. Ich beobachte das gern aus meinem Fenster des Hong-tel, das auf eine Straße hinausgeht, in der viele Läden sind. Es reißt ihnen die Beine in die Luft, die Pakete fliegen den anderen um die Köpfe. Manche Pakete rollen auf die Fahrbahn, wo die A-tao-Wägen darüberrollen. Achtlos steigen die anderen gehetzten Großnasen über die Gestürzten hinweg, die verzweifelt versuchen, ihre Pakete wieder einzusammeln.

Das nennen die Großnasen „die stille Zeit". So feiern sie die Ankunft ihres Gottes. Der wird eine Freude haben. Ich fürchte übrigens, dass ich auch, obwohl so denkbar fernstehend, in den Strudel des Geschenkaustausches hineingezogen werde. Wenn ich einige Andeutungen von Herrn Shi-shmi richtig verstanden habe, so bereitet er meuchlings ein Geschenk für mich vor. Und so werde auch ich nicht umhinkönnen, ihm etwas zu schenken.

Aber das alles war nicht das, was ich mir für diesen Brief zu berichten vorgenommen habe. Nicht nur in den Straßen, an den Wänden der Häuser und in den Fenstern der Läden sind strahlende Sterne und alle möglichen anderen Symbole (Tannenzweige,

in merkwürdigen Wiegen liegende Kinder, immer paarweise je ein Ochse und ein Esel), die die Großnasen mit ihrem Erinnerungsfest verbinden, aufgehängt und ausgestellt – hauptsächlich aber natürlich, um die Kauflust noch mehr anzuregen – , vor allem in der Fern-Blick-Maschine wird dauernd von der kommenden „Heiligen Nacht" geredet, die dabei nicht ungern als „Fest des Friedens" apostrophiert wird. Ich habe mich erkundigt: In der Tat herrscht Frieden vom 24. Tag des Monats mittags bis zum 27. Tag des Monats in der Früh. Aber nur deswegen, weil das Feiertage und alle Läden und Behörden geschlossen sind und in den Schmieden nicht gearbeitet wird. Die Leute sind damit beschäftigt, ihre Geschenke auszupacken, zu betrachten und sich über deren Nutzlosigkeit zu ärgern. Tatsächlich ruhen auch die Prozesse vor Gericht in der Zeit, aber nur, weil die Richter nicht in ihr Amt gehen. Ob auch eventuelle Kriege ruhen? habe ich Herrn Shi-shmi gefragt. Nein, hat er gesagt, es habe noch nie einen Feldherrn gegeben, der wegen dieses „Fest des Friedens" einen Feldzug unterbrochen habe. Im letzten Krieg, der noch nicht so lange her ist und den Herr Shi-shmi als Kind erlebt hat, habe man widersinnigerweise sogar von den „Kriegs-Festen des Friedens" gesprochen. Verstehe die Großnasen, wer will. Die Verwirrung der Begriffe ist bei ihnen unausrottbar. In den Tagen des „Festes des Friedens" fallen die häufigsten Selbstmorde vor, Familienväter erschlagen ihre Frauen (oder gelegentlich umgekehrt), Kinder werden ausgesetzt, und Greise verhungern. Das komme daher, meint Herr Shi-shmi, dass die Wohnungen zu klein sind. Die Leute ertragen es nicht, in den kleinen und niedrigen Wohnungen drei Tage lang so eng aneinander gepresst zu leben. Sie ertragen es nicht, daher gibt es häufig Streit. Er selber, Herr Shi-shmi, könne sich nicht erinnern, dass in seiner väterlichen Familie jemals im Jahr so gestritten worden sei wie immer in den Tagen des „Festes des Friedens". Einmal sei sein Vater für einige Zeit davongelaufen, weil seine Mutter ihm eine gebratene Gans an den Kopf geworfen habe, nachdem der Vater viele Stunden lang über nichts geredet habe, als dass jene Gans zu scharf gebraten sei.

(…)

Herbert Rosendorfer

Weihnachten

Markt und Straßen stehn verlassen,
still erleuchtet jedes Haus,
sinnend geh ich durch die Gassen,
alles sieht so festlich aus.

An den Fenstern haben Frauen
buntes Spielzeug fromm geschmückt,
tausend Kindlein stehn und schauen,
sind so wunderstill beglückt.

Und ich wandre aus den Mauern
bis hinaus ins freie Feld,
hehres Glänzen, heilges Schauern!
Wie so weit und still die Welt!

Sterne hoch die Kreise schlingen,
aus des Schnees Einsamkeit
steigt's wie wunderbares Singen –
o du gnadenreiche Zeit!

Joseph von Eichendorff

Zeit der Wunschzettel:
Ich wünsche mir Zeit …

Advent ist auch die Zeit der Wunschzettel. Kinder sind ganz unbefangen, wenn es darum geht, ihre Wünsche klar und unbegrenzt zu äußern. Doch wir Erwachsenen tun uns häufig schwer damit. Erst wenn wir zur Ruhe kommen und uns Zeit nehmen, um in uns hineinzuhorchen, entdecken wir vielleicht unsere eigenen Wünsche, die wir für die Advents- und Weihnachtszeit haben. Oftmals sind es gar nicht unbedingt materielle Dinge, nach denen wir uns sehnen, sondern kleine Gesten der Zuwendung: ein intensives Gespräch, etwas mehr Unterstützung oder Aufmerksamkeit, ein anerkennendes oder aufmunterndes Wort. Die

Momente der Stille im Advent laden dazu ein, diesen „anderen" Wunschzettel auszuphantasieren und zu Papier zu bringen. Schaffen Sie sich eine angenehme Atmosphäre, indem Sie zum Beispiel eine Duftlampe aufstellen, eine Kerze anzünden und ruhige Musik auflegen. Setzen Sie sich bequem hin und überlegen Sie, was Ihnen in der Advents- und Weihnachtszeit wirklich wichtig ist, beispielsweise

* Zeit für mich selbst
* Zeit mit meinem Partner
* Zeit für einen Besuch bei Freunden oder Verwandten etc.

Ich

Überlegen Sie, welche Aktionen Sie alleine oder mit Ihrer Familie unternehmen möchten, beispielsweise

* einen Ausflug oder Winterspaziergang
* einen Konzert-, Theater- oder Museumsbesuch
* einen gemeinsamen Weihnachtsmarktbummel
* ein Frühstück in einem kinderfreundlichen Café etc.

Lassen Sie Ihre Phantasie spielen, indem Sie darüber nachdenken, wer oder was Sie in der Vorweihnachtszeit entlasten könnte und wo Sie sich Unterstützung wünschen. Vielleicht gibt es Termine, die Sie absagen können oder die der Partner mit den Kindern wahrnehmen kann. Manche Aufgaben können getrost anderen übertragen werden. Überlegen Sie, wer Ihnen einmal die Kinder abnehmen kann, damit Sie in Ruhe die Weihnachtseinkäufe erledigen können. Und äußern Sie deutlich Ihren Wunsch, einmal selbst bekocht oder ausgeführt zu werden.

Der Familien-Wunschzettel

Bei einem gemütlichen Adventskaffee kann auch die ganze Familie einmal zusammentragen, was sich jeder von der Adventszeit erhofft. Wünsche nach gemeinsamen Aktionen können auf einem schönen Bogen Tonpapier notiert und gut sichtbar aufgehängt werden. Auch die Kinder sollten ermuntert werden, all jene Wünsche zu nennen oder aufzuschreiben, die man nicht mit Geld kaufen kann, wie beispielsweise

* eine Schneeballschlacht mit den Eltern
* einen Ausflug zur Schlittschuhbahn, ins Freizeitbad, ins Kino
* so lange aufbleiben zu können, wie man möchte
* trotz Weihnachten einen Freund/eine Freundin einladen zu dürfen
* einen Spielenachmittag etc.

Allerdings sollten Sie sich nicht zu viele Dinge vornehmen, damit die Adventszeit auch tatsächlich zu einer „stillen Zeit" werden kann.

wünsche mir Zeit …

Weihnachtskarten selbst gemacht

Phantasievolle Weihnachtskarten selbst anzufertigen, ist eine meditative Beschäftigung in der Adventszeit, in die man auch gut die Kinder miteinbeziehen kann. Zudem geben selbst gemachte Karten dem Weihnachtsgruß eine persönliche Note. Das Versenden von Weihnachtskarten ist übrigens ein weit verbreiteter Brauch. In England und den USA beispielsweise schickt man sich untereinander unzählige Karten, die an Bändern aufgehängt werden, um damit die Zimmer, die Türrahmen oder den Kamin zu schmücken. Die hier vorgestellten Karten lassen sich mit wenig Aufwand schnell anfertigen.

Das wird gebraucht:

DIN A4-Bögen Pastell- oder Tonpapier 160 g

Strohseide, evtl. Stanz-Strohseide

Tonpapier, 120 g

Reste von Geschenkpapier

Dekosterne

Geschenkband oder Bast

Silber- und Goldstift

So wird's gemacht:

Den DIN A4-Bogen in der Mitte falten und mit einem scharfen Messer durchtrennen. Die beiden Hälften jeweils in der Mitte zu einer Doppelkarte falten. (Halbiert man den Bogen quer, erhält man zwei Doppelkarten im Hochformat, halbiert man ihn längs, zwei im Querformat!)

1. Variante: Sternenkarten

Eine Schablone von einem fünfzackigen Stern anfertigen, die Umrisse mit Bleistift auf eine Karte übertragen und den Stern vorsichtig herausschneiden. Von hinten (also auf der Innenseite der Doppelkarte) ein etwa 9 x 12 cm großes Rechteck Strohseide aufkleben. Die Umrisse des Sterns vorne mit Gold- oder Silberstift nachzeichnen.

Die Karte nach Belieben weiter verzieren: mit kleinen Dekosternen, farblich passenden Geschenkbändern oder einem Weihnachtsgruß in Gold- bzw. Silberschrift.

2. Variante: Schattentechnik

Ein 10 x 5 cm großes Rechteck aus dünnerem Tonpapier ausschneiden. Auf das Rechteck mit Bleistift frei Hand den halben Umriss beispielsweise eines Engels, eines Tannenbaums, einer Glocke oder eines sechszackigen Sterns aufzeichnen. Wer sicher gehen möchte, kann auch vorher eine Schablone anfertigen und dann das halbe Motiv auf das Rechteck übertragen. Das halbe Motiv ohne abzusetzen herausschneiden, umklappen und beides so auf eine Doppelkarte kleben, dass das ganze Motiv zu erkennen ist. Die Karte, wenn gewünscht, weiter verzieren: Mit dem Silberstift Schnee auf den Tannenbaum, kleine Sternchen oder einen Weihnachtsgruß aufmalen.

3. Variante: Phantasiekarten aus Geschenkpapierresten

Hier sind der kreativen Phantasie keine Grenzen gesetzt: Wichtig ist, auf eine farblich harmonisch abgestimmte Zusammensetzung zu achten. Passend zum Geschenkpapier die Doppelkarte auswählen. Bei Geschenkpapier mit Motiven kann eins ausgeschnitten und auf die Karte geklebt werden. Zusätzlich mit einem Band und Schriftzug verzieren. Oder aus Geschenkpapier eine Welle schneiden, die etwa über die Hälfte der Karte geht. Genau über den Wellenrand mit dem Gold- oder Silberstift einen Engel, einen Stern o. Ä. malen. Anschließend noch Dekosterne und Geschenkbändchen anbringen. Alternativ dazu einen 4 cm breiten Streifen Geschenk- oder Naturseidepapier ausschneiden und auf eine Doppelkarte kleben. Versetzt darüber kleine Holzsterne, eine getrocknete Orangenscheibe, Zimtstangen o. Ä. aufkleben. Die Karte nach dem Beschriften mit einem breiten Geschenkband aus Gaze „verschnüren".

Wissenswertes zum Thema:
Weihnachten in anderen Ländern

Weihnachten wird von den Christen in vielen Ländern der Erde gefeiert. Doch überall haben sich verschiedenste Bräuche entwickelt, die – kennt man die Hintergründe nicht – teilweise recht skurril wirken: Die einen stellen ein zusätzliches Gedeck auf den Tisch, die anderen Kerzen ins Fenster, wieder andere feiern mit Papierkronen und Konfetti und längst nicht überall findet die Bescherung am 24. Dezember statt …

England – Merry Christmas

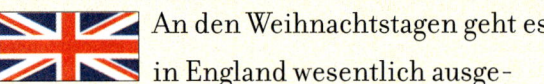 An den Weihnachtstagen geht es in England wesentlich ausgelassener zu als in Deutschland. Beim Weihnachtsessen, das traditionell aus gefülltem Truthahn (*Turkey*) und flambiertem Plumpudding besteht, setzen sich die Engländer Papierhütchen auf und lassen Knallbonbons hochgehen. Die Geschenke wirft *Father Chrismas* in der Nacht zum 25. Dezember in die Weihnachtsstrümpfe, die die Kinder am Kamin aufgehängt haben. Der für England typische Weihnachtsschmuck sind Mistelzweige über den Türen.

Irland – Nodlaig Mhaith Chugnatt

Ein typischer Brauch in Irland ist es, am Heiligabend Kerzen ins Fenster zu stellen, um Obdachlose einzuladen. Damit wird an die vergebliche Suche von Maria und Josef nach einer Unterkunft in ihrer Heimatstadt Bethlehem erinnert.

Frankreich – Joyeux Noël

Um die Vorweihnachtszeit wird in Frankreich wenig Aufhebens gemacht. Höhepunkt des Weihnachtsfestes ist ein mehrgängiges, aufwändiges Festessen im Kreise der Familie (*Le Reveillon*), das meist mit einem *Bûche de Noël* (= Weihnachtsklotz), einer Schokoladenbisquitrolle gekrönt wird. Damit wird an einen früheren Brauch erinnert, der vor allem auf dem Lande üblich war: Jeder Gast brachte zur Weihnachtsfeier ein Stück Kaminholz mit. Nach dem Essen wird die Christmesse besucht und um Mitternacht bzw. am Morgen des 25. dürfen die Kinder die Geschenke auspacken, die *Père Noël* nachts heimlich in die Schuhe gesteckt hat.

Italien – Buon Natale

Die Weihnachtszeit in Italien kennt gleich verschiedene Höhepunkte, die fast immer mit einer kleinen Bescherung einhergehen. Neben *San Nicola* am 6. Dezember und dem Fest der *Santa Lucia* am 13. Dezember wird am 1. Weihnachtstag überall in Italien die Ankunft des Jesuskindes, *Il Bambinello Gesu*, mit gutem Essen und zunehmend auch mit Geschenken gefeiert. Doch die eigentliche Bescherung findet erst am 6. Januar statt. Dann kommt *La Befana* (die gute Hexe) und bringt den braven Kindern Süßigkeiten, den bösen Kohlestücke. Laut Legende hatte sich auch *La Befana* damals auf den Weg zur Krippe gemacht, doch sie verpasste den Stern. Seitdem irrt sie von Haus zu Haus auf der Suche nach dem Christkind und hinterlässt Geschenke. Zentrales Weihnachtssymbol in Italien ist übrigens nicht der Tannenbaum, sondern die Krippe *(Presepio)*, die oft handgeschnitzt und aufwändig ausgestaltet ist.

So finden um die Weihnachtszeit in jeder größeren Stadt Krippenausstellungen statt.

Spanien – Felix navidad

In Spanien dauert die Weihnachtszeit nur 12 Tage und wird mit vielen lauten Festen gefeiert. Ein weit verbreiteter Brauch ist der Einzug des Köhlers *(Olentzero)* aus den Bergen ins Dorf: Auf den Schultern der Dorfbewohner wird er umhergetragen. An Heiligabend *(Nochebuena)* versammelt man sich im Kreis der Familie zu einem ausgiebigen Festmahl. Nach der Mitternachtsmesse treffen sich in ländlichen Gegenden die Dorfbewohner bei einem Feuer, um Weihnachtslieder zu singen und bis in den Morgen hinein zu tanzen. Eigentlicher Höhepunkt der Weihnachtszeit ist jedoch das Dreikönigsfest, der *Día de los Reyes* am 6. Januar. Zigtausende verfolgen den festlichen Einzug der Heiligen Drei Könige *(Los Reyes Magos)* am 5. Januar in die Städte und Dörfer, der von biblischen Aufführungen *(Corderados)* begleitet wird. Die Heiligen Drei Könige sind es auch, die in Spanien anstelle des Weihnachtsmannes die Geschenke bringen.

Portugal – Boas Festas

Auch in Portugal ist Weihnachten, das zu den bedeutendsten Festen zählt, eine ausgelassene Feier, zu der sich die Großfamilie zusammenfindet. Das Weihnachtsessen besteht in der Regel aus einem Fischgericht (Kabeljau, Stockfisch, Tintenfisch) und zahlreichen Süßspeisen, deren Hauptzutaten Milch, Zucker, Zitrone und viel Zimt sind. Doch vor dem Weihnachtsmahl wird die Mitternachtsmesse besucht, zu der man verschiedene Gaben mitbringt, die dem Christkind vor die Krippe gelegt werden. Anschließend versammelt man sich auf dem Dorfplatz, wo ein großes Weihnachtsfeuer brennt. Es wird musiziert, gesungen und getanzt.

Schließlich trifft sich die Familie zum Weihnachtsmahl und die Kinder erhalten die Geschenke. Sie sind Symbol jener Geschenke, die die Hirten dem Kind in der Krippe gebracht haben, weshalb auch in keinem Haus die Krippe fehlen darf.

Polen – Weslych Swiat

 Weihnachten gilt in Polen als eines der schönsten Feste überhaupt. Nachdem tagsüber gefastet wurde, trifft sich die Familie abends an einem festlich geschmückten Tisch, auf dem immer ein zusätzliches Gedeck für einen unerwarteten Gast steht.
Traditioneller Brauch ist das Brechen der Weihnachtsoblaten: Als Zeichen der Versöhnung und Liebe teilt man untereinander die großen Backoblaten, auf denen oben ein Bild aufgeprägt ist, und wünscht sich „Frohe Weihnachten". Zwischen den vielen Gängen des Festessens bringt der Weihnachtsmann den Kindern Geschenke und zum Abschluss besuchen alle die Christmette.

Niederlande – Vrolyk Kerstfeest

 Der holländische Weihnachtsmann heißt *Sinterklaas* und bringt bereits am 6. Dezember die Geschenke. Gefeiert wird am 5. Dezember, wenn der *Sinterklaas* mit dem Schiff im Hafen von Amsterdam oder anderen Orten an der Küste ankommt, wo er feierlich begrüßt wird. In der Nacht zieht *Sinterklaas*, begleitet vom *Zwarten Piet* (Schwarzer Peter) und seinem Pferd, über die Dächer und lässt Geschenke durch den Kamin fallen. Dort haben die Kinder bereits ihre Schuhe aufgereiht sowie Mohrrüben, Wasser, Heu und Zuckerstückchen für das Pferd von *Sinterklaas* hingestellt. Weihnachten ist dagegen ein eher ruhiges und besinnliches Fest, an dem die Menschen in die Kirche gehen und Zeit mit der Familie verbringen.

Skandinavische Länder – Glad Jul (schwed.) – Gledig Jul (norweg.) – Glaedelig Jul (dän.) – Hauskaa Joulua (finn.)

Sehr ausgeprägte Weihnachtsbräuche sind in den nordischen Ländern zu finden. Der Grund: Im Julfest, wie Weihnachten dort heißt, mischen sich vorchristliche Ernte- und Mitwinterbräuche mit christlichen Elementen. Neben Weihnachtsbaum und Weihnachtsmann spielt das Julstroh eine große Rolle: Es wird ins Haus geholt und verstreut, Julsterne und Julböcke (aus Stroh geflochtene Ziegenböcke) schmücken Tannenbaum, Fenster und Türen. Die Geschenke bringt der *Jultomte* (Schweden), *Julemande* (Dänemark), *Joulupukki* (Finnland) oder *Julnisse* (Norwegen), eine eher zwergengroße Ausgabe des Weihnachtsmannes. Es ist Brauch, ihm bzw. seinen kleinen Helfern, den Nissen, zum Dank eine kleine Schüssel mit Hafer- oder Reisbrei mit zerlassener Butter (*Julegrød*) vor die Tür zu stellen. Traditioneller Nachtisch in Dänemark und Norwegen ist der *Riz à l'amande*, ein Reisbrei, in dem sich eine Mandel versteckt. Wer sie findet, erhält ein besonderes Geschenk und soll im folgenden Jahr Glück haben. In Schweden gehört zu Weihnachten – neben unzähligen Fischgerichten, Pasteten und Sülzen – das Safranbrot und der Julschinken (*Julskinka*), der oft 5-8 Stunden im Ofen vor sich hin bruzelt. In Finnland läutet die feierliche Ausrufung des Weihnachtsfriedens in Turku die Weihnachtsfeierlichkeiten ein. Abweichend zu anderen Ländern gehören für die Finnen ein Besuch auf dem Friedhof sowie ein gemeinsamer Saunagang zum Weihnachtsfest.

Das Julfest endet am 13. Januar.

USA – Merry X-mas

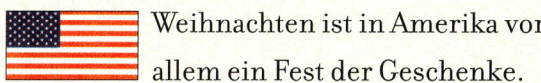 Weihnachten ist in Amerika vor allem ein Fest der Geschenke. Bereits die Adventszeit wird in den USA mit großem Aufwand betrieben. Schrillbunte Dekorationen in den Geschäftsstraßen, riesige Tannenbäume und pompöse Beleuchtungen an den Häusern sind schon ab November zu sehen. Auftakt für das Weihnachtsfest ist die Mitternachtsmesse am 1. Weihnachtstag (*Christmas Day*). In der Nacht zieht Santa Claus auf seinem Schlitten, der von acht Rentieren gezogen wird, von Haus zu Haus und wirft die Geschenke durch den Kamin. Die Bescherung findet am 25.

morgens statt. Zum traditionellen Weihnachtsessen gehört der gefüllte Truthahn. – Das „X" im amerikanischen Weihnachtsgruß geht ubrigens auf den Anfangsbuchstaben der griechischen Schreibweise von Christus zurück.

Russland – Hristos Razdejetsja

Weihnachten hat in Russland nicht die Bedeutung wie in vielen anderen christlichen Ländern. Große Verehrung wurde jedoch seit Jahrhunderten Sankt Nikolaus entgegengebracht, der nach der kommunistischen Revolution durch „Väterchen Frost" ersetzt wurde. Wie viele religiöse Feiertage wurde damals auch das Weihnachtsfest abgeschafft. Stattdessen erhielten die Kinder nun zum Neujahrsfest, das zum zentralen Feiertag erklärt wurde, ihre Geschenke von Väterchen Frost. Doch seit 1991 ist Weihnachten wieder offizieller Feiertag. Da die russisch-orthodoxe Kirche nach dem julianischen Kalender rechnet, fällt das Weihnachtsfest auf den 7. Januar. Die Vorweihnachtszeit gestaltet sich überwiegend als Fastenzeit, die bereits im November beginnt. An Heiligabend (*Koljadki*) finden oft Stunden dauernde Gottesdienste sowie beeindruckende Lichterprozessionen statt. Der Weihnachtstag selbst wird eher ruhig im Kreise der Familie gefeiert. Traditionelles Weihnachtsgericht ist *Kutja*, eine Getreidespeise mit Mandeln, Mohn und Honig.

Antonio

Eigentlich war er nur in die Kirche gekommen, weil seine Mutter ihm das aufgetragen hatte.

„Geh bei der Madonna vorbei", hatte sie gesagt. „Bete ein Ave Maria. Das hilft."

Immer sagte die Mutter „das hilft". Aber Antonio wusste es besser. Er hatte in seinem jungen Leben schon viele Gebete gesprochen: War er davon satt geworden? Hatte er deshalb mehr als nur eine einzige Hose und ein altes Jäckchen? War der Vater davon am Leben geblieben?

Antonio konnte keinen Zusammenhang erkennen zwischen den inbrünstigen Gebeten seiner Mutter und der Not, in der er lebte. Sie waren alle bitter arm. Alle, die in seinem Dorf wohnten. Bis auf den Padrone natürlich. Dem Padrone gehörte das Land, auf dem alle arbeiteten. Er hatte einen dicken Bauch und ein Auto.

Wieso der Padrone reich war und sie arm, konnte sich Antonio nicht erklären, und wenn er seine Mutter danach fragte, gab sie ihm einen Klaps auf den Mund, als hätte er etwas Verbotenes gesagt.

Als Antonio an jenem kalten Dezembertag die Kirchentür öffnete, wurde er von einem Windstoß förmlich hineingefegt in das dämmrige Kirchenschiff.

Der Mesner hatte schon für Weihnachten geschmückt. Überall standen neue Sträuße mit künstlichen Blumen, bunt und silbern.

Drei Frauen mit schwarzen Kopftüchern knieten vor dem Seitenaltar. Da stand die Madonna mit dem Bambino Jesu. Ein paar Kerzen brannten davor.

Antonio kniete auf der hintersten Bank nieder, gleich neben dem Opferstock.

Wenn er mit der Mutter in der Kirche war, gab sie ihm manchmal eine Münze, die er in den Schlitz des Opferkastens werfen musste, eine winzigkleine Münze. „Für das Bambino Jesu", sagte sie dann, und Antonio dachte: es ist so wenig, dass man kaum ein Zitronenbonbon dafür bekommt … was kann das Bambino Jesu damit anfangen?

Die Frauen am Seitenaltar murmelten Gebete. Sie sahen alle drei gleich aus in ihren dunklen Tüchern. Die Madonna trug ein himmelblaues Kleid mit goldenen Sternen.

„Madonna", sagte Antonio, „könnten wir nicht wenigstens an Weihnachten mal ein Stück Schinken haben?"

Da flog die Tür auf, und ein neuer Windstoß jagte durch die Kirche. An Antonio vorbei ging der Padrone. Er hielt eine lange weiße Kerze in der Hand.

Am Altar vor der Madonna zündete er sie an, ließ Wachs auf die Marmorplatte träufeln und befestigte seine Kerze dann in dem weichen Wachs.

Antonio beobachtete ganz genau, was der Padrone tat. Vielleicht machte er irgendetwas besser, der Madonna wohlgefälliger

als die andern Leute im Dorf. Der Padrone bekreuzigte sich und kniete nieder. Antonio ließ ihn nicht aus den Augen, aber er konnte nichts Besonderes entdecken.

Lange hielt sich der Padrone nicht auf. Beim Hinausgehen griff er in die Tasche, und Antonio sah, wie er mit einer flüchtigen Handbewegung etwas auf den Opferstock warf ... einen Geldschein. Der Schein fiel aber nicht in die Öffnung hinein, sondern glitt seitlich am Kasten ab.

Da lag er vor Antonios Augen neben der Kirchenbank. Antonio blickte starr danach und rührte sich nicht. Die auf- und zuschwingende Tür trieb wieder scharfe Winterluft herein. Der Geldschein wehte noch ein Stückchen dichter heran. Er lag jetzt so nah, dass Antonio nur die Hand danach auszustrecken brauchte.

Antonio bückte sich danach, richtete sich aber gleich wieder auf und sah hinüber zur Madonna.

„Darf ich?", fragte er leise.

Die Madonna gab keine Antwort.

Ich werde bis drei zählen, dachte Antonio. Wenn sie den Kopf schüttelt, darf ich nicht. Antonio zählte und beobachtete die Madonna: Sie schüttelte den Kopf nicht.

Da hob Antonio den Geldschein behutsam auf und ging auf Zehenspitzen davon.

Bei der Gemischtwarenhändlerin legte Antonio das Geld auf den Tisch. „Dafür möchte ich Schinken und eine Wachskerze", sagte er.

Die Signora wog den saftigen, rosaroten Schinken ab, wickelte ihn in Pergament und steckte ihn in eine Tüte aus dickem braunem Papier.

„Die Kerze nehme ich gleich so", sagte Antonio.

Bevor er den Weihnachtsschinken nach Hause trug, rannte er schnell noch einmal in die Kirche zur Madonna.

Die drei Frauen waren fortgegangen; die Kirche war leer.

Antonio klemmte das Schinkenpäckchen unter den Arm und trat vor den Altar. Er zündete seine Kerze an, träufelte ein paar dicke Wachstropfen auf die Marmorplatte und stellte die Kerze darauf – genau wie kurz zuvor der Padrone.

„Die Kerze ist für dich", sagte Antonio zur Madonna. „Für den Schinken ... Und wenn du es einrichten kannst, dass der Padrone noch mal daneben wirft, bringe ich dem Bambino Jesu auch eine."

Und Antonio dachte, als er nach Hause lief: Jetzt weiß die Madonna, dass ich ihr auch Kerzen bringen kann wie der Padrone.

Nur – ohne Geld geht es nicht.

Tilde Michels

„Janssons Versuchung" (Schweden)

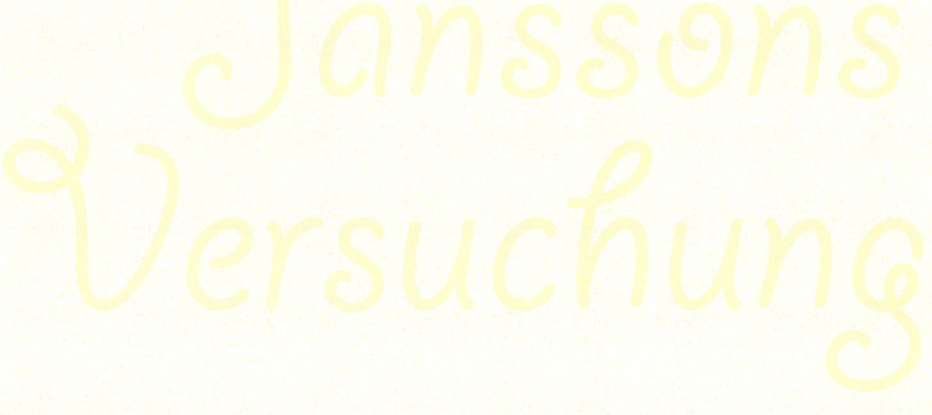

Dieses schmackhafte Gericht gehört zum traditionellen Weihnachtsmenü in Schweden.

Das wird gebraucht (für 4 Personen):

2 Zwiebeln

7 schwedische Anchovisfilets

7 große Kartoffeln

150 ml Sahne

100 ml Vollmilch

50 g Butter

2 EL Paniermehl

So wird's gemacht:

Kartoffeln und Zwiebeln schälen und in dünne Scheiben schneiden. Die Zwiebeln andünsten, ohne dass sie Farbe bekommen. Eine ofenfeste Form mit Butter einfetten. Die Kartoffeln abwechselnd mit den Anchovisfilets in die Form schichten, dabei mit einer Schicht Kartoffeln beginnen und abschließen. Mit Anchovisbrühe und Milch-Sahne-Gemisch übergießen. Bei 200 ° im Ofen 30 Minuten backen.

Mit Paniermehl und Butterflocken bestreuen und weitere 20 Minuten backen.

Kutina (Polen)

Das wird gebraucht (für 6 Personen):

1 1/2 Gläser Mohn

1 1/2 Gläser Buchweizen

1 1/2 Gläser Milch

3 Esslöffel Rosinen

je 5 Stück getrocknete Feigen, Datteln, Aprikosen

3/4 Glas Honig

150 g Mandeln

150 g Walnüsse

1 Fläschchen Mandelöl

5 Esslöffel süße Sahne

geriebene Schale von einer halben Zitrone

So wird's gemacht:

Den Buchweizen abspülen und mit kochend heißem Wasser übergießen.
Über Nacht quellen lassen. Am nächsten Tag bei schwacher Hitze eine Stunde lang
kochen. Während er kocht, die Mohnmischung vorbereiten:

Die Milch zum Kochen bringen und über den Mohn gießen. 10 Minuten lang
quellen lassen, dann die Milch abgießen. Den Mohn dreimal mahlen, damit er
recht fein ist.

Rosinen, Feigen, Datteln, Aprikosen (große Früchte in kleine Stücke
schneiden) mit heißem Wasser übergießen und 10 Minuten lang
quellen lassen.

Inzwischen ist der Buchweizen fertig.

Alle Früchte, Mohn, Nüsse und Buchweizen mischen.

Dann geriebene Zitronenschale, das Mandelöl und
den Honig dazugeben.

Das Gericht abkühlen lassen. Es wird kalt serviert.

Die vierte Woche im Advent

Stern

Vom Glanz der Sterne

Eigentlich spielt der Stern in der biblischen Weihnachtsgeschichte keine große Rolle. Nur der Evangelist Matthäus erwähnt ihn, und seinen großen Auftritt hat er erst am 6. Januar, wenn die Heiligen Drei Könige ihm auf ihrem Weg folgen. Und doch zählt der Stern zu einem der wichtigsten Symbole der Advents- und Weihnachtszeit: Sterne aus Stroh, Goldfolie oder Transparentpapier schmücken unsere Fenster, Adventskränze und Tannenbäume; Straßen und Schaufenster werden mit Leuchtsternen dekoriert; wir essen Zimt- und Schokoladensterne, besingen den „Stern von Bethlehem" in unseren Weihnachtsliedern, und kaum eine Krippenszene ist zu finden, in der nicht der Stern über dem Stall von Bethlehem steht. Sterne haben schon immer eine große Faszination auf uns Menschen ausgeübt. Seit Jahrtausenden werden sie von Wissenschaftlern und Laien beobachtet und ihre Bahnen berechnet. In früheren Zeiten boten sie nachts die einzige Orientierung und bis heute werden ihnen schicksalsmächtige Kräfte zugeschrieben. Sterne strahlen etwas Geheimnisvolles, fast Beängstigendes und zugleich Beglückendes aus. Diese Mischung aus Bewunderung und Ehrfurcht hat sich auch in unserem Sprachgebrauch niedergeschlagen. Wir sprechen von einer „Sternstunde", wenn uns etwas besonders Erfreuliches widerfährt. Umgekehrt reden wir davon, dass etwas unter einem „ungünstigen Stern" steht, wenn etwas ganz und gar nicht gelingen will. In dem bekannten Lied „Weißt du wie viel Sternlein stehen, an dem großen Himmelszelt" singen wir Kindern von der Größe des Weltalls und wollen sie mit dem Bild der von Gott gezählten Sterne trösten. Selbst im modernen „Star"-Kult zeigt sich etwas von der ursprünglichen Faszination für die Sterne des Himmels.

Kein Wunder also, dass der Stern zum vollkommenen Symbol des Weihnachtsgeschehens wurde: Die Geburt Christi bedeutet für uns Menschen eine „Sternstunde", eine außergewöhnliche Berührung des Himmels und der Erde. Sie ist geheimnisvoll und unfassbar und zugleich ein lichtvolles, Hoffnung spendendes Ereignis. So bündelt sich in all den Sternen, die uns in der Adventszeit umgeben, die Hoffnung, dass etwas von dem Licht und Glanz des Weihnachtsgeschehens auch in unser Leben strahlt.

Weihnachtslied

Weihnachtslied

Vom Himmel in die tiefsten Klüfte
Ein milder Stern herniederlacht;
Vom Tannenwalde steigen Düfte
Und hauchen durch die Winterlüfte,
Und kerzenhelle wird die Nacht.

Mir ist das Herz so froh erschrocken,
Das ist die liebe Weihnachtszeit!
Ich höre fernher Kirchenglocken
Mich lieblich heimatlich verlocken
In märchenstille Herrlichkeit.

Ein frommer Zauber hält mich wieder,
Anbetend, staunend muss ich stehn;
Es sinkt auf meine Augenlider
Ein goldner Kindertraum hernieder,
Ich fühl's, ein Wunder ist geschehn.

Theodor Storm

Der Stern

Hätt einer auch fast mehr Verstand
Als wie die drei Weisen aus Morgenland,
Und ließe sich dünken, er wär wohl nie
Dem Sternlein nachgereist wie sie;
Dennoch, wenn nun das Weihnachtsfest
Seine Lichtlein wonniglich scheinen lässt,
Fällt auch auf sein verständig Gesicht,
Er mag es merken oder nicht,
Ein freundlicher Strahl
Des Wundersternes von dazumal.

Wilhelm Busch

Der Stern

Wissenswertes
rund um den »Stern«

Der Stern vom Bethlehem

Nach der Weihnachtsgeschichte, wie der Evangelist Matthäus sie erzählt, wurde die Geburt Jesu durch einen besonders hell leuchtenden Stern angekündigt. Dieser Stern war es, der die Weisen aus dem Morgenland bis zur Krippe im Stall von Bethlehem führte. So heißt es bei Matthäus: „Siehe, da kamen Weise vom Morgenland nach Jerusalem und sprachen: Wo ist der neugeborene König der Juden? Wir haben seinen Stern gesehen im Morgenland und sind gekommen, ihn anzubeten."

Was aber hat es mit diesem Stern auf sich? Auf Abbildungen in der Kunst wird er häufig als Komet dargestellt, als Stern mit einem Schweif. Tatsächlich handelt es sich bei einem Kometen um einen Brocken aus Eis und Staub, der – je mehr er sich der Sonne nähert – erhitzt wird und dabei eine gigantische Wolke aus Wasserdampf, Gas und Staub entwickelt, die von der Sonne bestrahlt wird und ihn damit sichtbar werden lässt. Doch Kometen galten in früherer Zeit als Vorboten eines Unglücks und hätten die Weisen aus dem Morgenland wohl kaum zum Aufbruch bewegt.

Eine alternative Erklärung lautet, der „Stern von Bethlehem" sei möglicherweise eine Supernova gewesen, ein plötzlich gleißend helles Aufflackern eines verglühenden Sterns. Doch eine solche Himmelserscheinung hätte nicht lang genug gedauert, um als Orientierungspunkt für die Sterndeuter aus Babylon zu dienen.

1606 entwickelte der Astronom Johannes Kepler erstmals eine Theorie, die auch in der heutigen Sternforschung als möglich

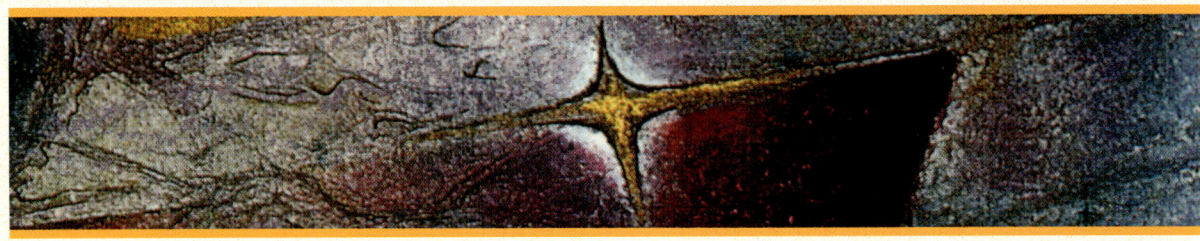

angenommen wird. Laut dieser handelte es sich bei dem „Stern von Bethlehem" um eine „dreifache Konjunktion", ein Zusammentreffen der hellen Planeten Jupiter und Saturn auf ihrer Umlaufbahn um die Sonne. Dieses außergewöhnliche Himmelsspektakel fand im Jahre 7 v. Chr., also im Jahr vor Christi Geburt, dreimal im Sternbild der Fische statt, und zwar im März, im Juli und im November. Später gefundene babylonische Keilschriften, die im British Museum of London aufbewahrt werden, beschreiben ebenfalls eine solche Sternenkonstellation für das Jahr 7 v. Chr. und bestätigen damit Keplers Berechnungen. Die Weisen aus dem Morgenlande, versierte Sternforscher aus dem Osten, deuteten dieses herausragende Ereignis jedenfalls als Ankündigung der Geburt eines Königs. Da das Sternbild der Fische als himmlischer Entsprechungsort des Landes Israel galt, machten sie sich auf den langen Weg von Persien nach Jerusalem, von wo aus sie weiter nach Bethlehem geführt wurden.

Unabhängig von solchen Spekulationen kann der Stern, von dem Matthäus spricht, auch als Bestätigung einer Verheißung aus dem Alten Testament gesehen werden. Dort heißt es: „Es wird ein Stern aus Jakob aufgehen und ein Zepter aus Israel aufkommen." (4. Mose 24, 17)

Der Weihnachtsstern (Euphorbia pulcherrima)

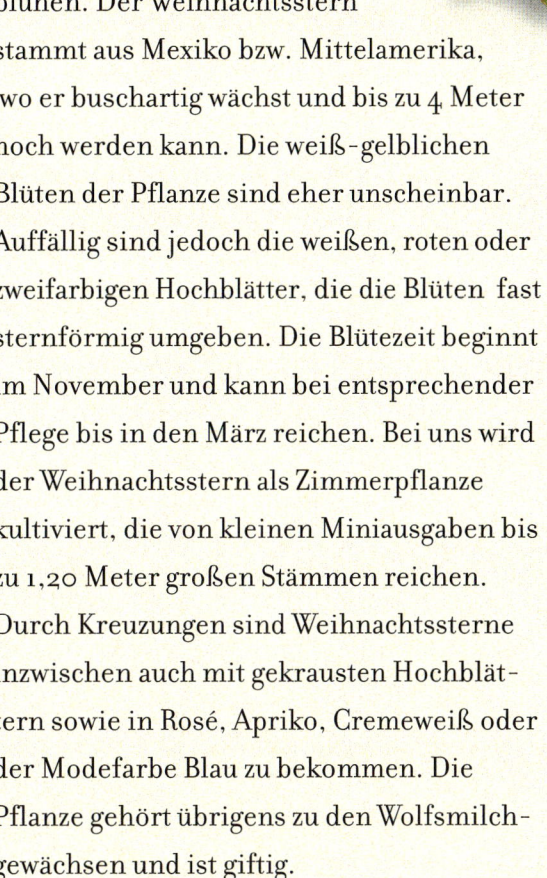

Neben der Christrose gehört wohl der Weihnachtsstern zu den beliebtesten Pflanzen, die um die Weihnachtszeit herum blühen. Der Weihnachtsstern stammt aus Mexiko bzw. Mittelamerika, wo er buschartig wächst und bis zu 4 Meter hoch werden kann. Die weiß-gelblichen Blüten der Pflanze sind eher unscheinbar. Auffällig sind jedoch die weißen, roten oder zweifarbigen Hochblätter, die die Blüten fast sternförmig umgeben. Die Blütezeit beginnt im November und kann bei entsprechender Pflege bis in den März reichen. Bei uns wird der Weihnachtsstern als Zimmerpflanze kultiviert, die von kleinen Miniausgaben bis zu 1,20 Meter großen Stämmen reichen. Durch Kreuzungen sind Weihnachtssterne inzwischen auch mit gekrausten Hochblättern sowie in Rosé, Apriko, Cremeweiß oder der Modefarbe Blau zu bekommen. Die Pflanze gehört übrigens zu den Wolfsmilchgewächsen und ist giftig.

Raiko und der Stern

Es war Winter, als Raikos Großvater starb, Winter in den jugoslawischen Bergen. Sie hatten miteinander in der Hütte am Fels gelebt, der Alte, Raiko und die Schafe. Und alles war gut gewesen. Jetzt aber stand die Hütte leer. Gebrechlich und windschief lehnte sie gegen den Stein, und nie zuvor war der Himmel so grau gewesen.

Die Nachbarn hatten Raiko mit sich nehmen wollen in ihr strohgedecktes Haus. Aber Raiko hatte sich davongemacht. Von seinem Versteck hinter der alten Föhre sah er, wie sie die Schafe forttrieben. Schmutzig hoben sich ihre zottigen Felle gegen den Schnee ab. Raiko ballte die Fäuste und öffnete sie wieder. Eine Weile stand er unbeweglich mit hängenden Schultern. Dann ging er. Er schritt der Dunkelheit entgegen und nahm nichts um sich wahr. Nicht die Spuren der Tiere, die er kreuzte, und nicht den eisigen Wind, der um ihn herumstrich wie ein herrenloser Hund.

Lange ging er so, bis er endlich den Blick zum Himmel hob.

Da erblickte er den Stern. Ein einzelner funkelnder, bebender Stern stand über ihm, und Raiko hatte ihn nie zuvor gesehen. Aber er fühlte in dieser Stunde, dass etwas mit ihm geschah. Er war nicht mehr allein.

Lange lief er durch die Nacht, und es schien, als ob der Stern am Himmel mit ihm ziehe. In der Ferne heulten die Wölfe. Aber was konnten sie ihm anhaben? Ihm, der einen Stern zum Freund hatte. Er blickte empor und lächelte.

Seit dieser Stunde lebte Raiko für den Stern. Er verschlief die Tage in einem der Ställe, ernährte sich von Oliven und Brotresten, die er mit sich trug, und wenn es Abend wurde, ging er hinaus. Mehr und mehr entfernte er sich von den Menschen. Er vergaß die Hütte und das strohgedeckte Haus, und er vergaß den Klang seiner eigenen Stimme.

Stumm schritt er dahin. Er blickte zum Himmel auf und war glücklich. Er liebte einen Stern.

Nach ein paar Tagen begann der Hunger Raiko zu quälen. Seine Vorräte waren aufgebraucht. Am Anfang litt er darunter. Dann aber war ihm, als verlöre er an Schwere. Er fühlte kaum, dass seine Füße den Boden berührten, durchwanderte die Nächte, und alles war wie ein Traum. Nur der Stern blieb klar. Man konnte sich auf ihn verlassen. Aber dann geschah es, dass der Stern sich veränderte. Er wuchs, und er barg eine Glut in sich, die gewaltig war und doch still. Raiko starrte empor. Es schien ihm, als spreche der Stern zu ihm. Es war, als klinge Musik von irgendwoher und als trügen ihn seine Füße nicht über knirschenden Schnee, sondern über einen Teppich aus Blumen. Er pflückte eine Blume und trug sie mit sich. Ganz langsam sank der Stern tiefer. Er zog vor Raiko her, und der Junge folgte ihm. Er merkte nicht, dass er zurückging, den Weg, den er gekommen war. Die Bäume schienen mit ihm zu wandern, bunte Waldvögel setzten sich auf seine Schulter, und die Welt war von einer großen, unbekannten Fröhlichkeit erfüllt.

Es war die Heilige Nacht, – aber Raiko wusste es nicht. Er gehorchte dem Ruf des Sternes, den er liebte. Und der Glanz des himmlischen Lichtes war auch in seinem Blick.

Lange ging Raiko so, und er kannte sein Ziel nicht. Als die Umrisse des strohgedeckten Hauses auftauchten, sah er es nicht. Plötzlich aber erlosch der Stern. Und Raiko, allein gelassen in der jähen Dunkelheit, schrie auf. Dann war ihm, als griffe die Nacht nach ihm und er müsse ertrinken.

Die Tür des Hauses wurde geöffnet, und die Männer, in Felle gehüllt, traten hinaus und begannen zu suchen. Sie trugen Raiko herein. In seiner geschlossenen Hand hielt er ein wenig Schnee, der jetzt langsam schmolz und zu Boden tropfte.

Der Klang der Frula weckte Raiko endlich, – das Lied der Hirtenflöte. Er öffnete die Augen und sah den Stern. Er streckte die Hand aus und ließ sie wieder sinken. Dann spürte er die Wärme, die das Feuer in der Mitte des Raumes verbreitete, roch den Duft von gebratenem Fleisch, schmeckte die Milch, die man ihm einflößte, und nahm die Menschen wahr. Lange blickte Raiko sie an, die Männer und Frauen, die seine Nachbarn waren, und die Kinder, mit denen er gespielt hatte. Und mit einem Mal war ihm dies alles unendlich vertraut. Dann suchte sein Blick den Stern.

Doch was er für den Stern gehalten hatte, war ein Kerzenlicht. Das Licht einer honiggelben Kerze, die die Spitze eines kleinen Tannenbaumes schmückte. Raiko lächelte. Alles war gut. Er war heimgekehrt.

Gina Ruck-Pauquèt

 Stern über Bethlehem

Stern über Bethlehem

Stern ü-ber Beth-le-hem, zeig uns den Weg,

führ uns zur Krip-pe hin, zeig, wo sie steht,

leuch-te du uns vo-ran bis wir dort sind,

Stern ü-ber Beth-le-hem, führ uns zum Kind!

Text und Melodie: Alfred Hans Zoller

2. Stern über Bethlehem, bleibe nicht stehn.
Du sollst den steilen Pfad vor uns her gehn!
Führ uns zum Stall und zu Esel und Rind,
Stern über Bethlehem, führ uns zum Kind!

3. Stern über Bethlehem, nun bleibst du stehn
und lässt uns alle das Wunder hier sehn,
das da geschehen, was niemand gedacht,
Stern über Bethlehem, in dieser Nacht.

4. Stern über Bethlehem, wir sind am Ziel,
denn dieser arme Stall birgt doch so viel!
Du hast uns hergeführt, wir danken dir.
Stern über Bethlehem, wir bleiben hier!

5. Stern über Bethlehem, kehrn wir zurück,
steht noch dein heller Schein in unserm Blick,
und was uns froh gemacht, teilen wir aus,
Stern über Bethlehem, schein auch zu Haus.

Leuchtender Fensterstern

Diese aus Transparentpapier hergestellten Fenstersterne erzielen durch die spezielle Falttechnik eine besonders schöne optische Wirkung. Neben wenig Material wird nur ein wenig Fingerspitzengefühl benötigt. Die Größe der Sterne kann variiert werden, indem entsprechend kleinere oder größere Quadrate genommen werden.

Das wird gebraucht:

Transparentpapier in Blau, Weiß oder Rot:
4 Quadrate à 12 cm, aus denen 8 Rechtecke geschnitten werden
   (= ergibt einen Stern mit 24 cm Durchmesser)
Bleistift
ungezähntes Küchenmesser
Klebestift

So wird's gemacht:

Halbieren Sie die Quadrate, indem Sie eine Seite auf die gegenüberliegende Seite legen. Schlitzen Sie den Falz mit einem Küchenmesser auf, sodass Sie aus jedem Quadrat zwei Rechtecke erhalten.
Falten Sie das Rechteck nun entlang der gepunkteten Linie, indem Sie die lange Seite auf die gegenüberliegende lange Seite legen. Öffnen Sie die Faltung wieder, sodass Sie die Mittellinie als Faltlinie sehen (gestrichelte Linie).
Falten sie nun, wie in den Zeichnungen abgebildet, entlang der gepunkteten Linie, indem Sie die jeweils dick eingezeichnete Kante an die Mittellinie bzw. beim letzten Schritt an die Außenkante der Sternzacke legen. Falten Sie alle acht Rechtecke auf diese Weise.

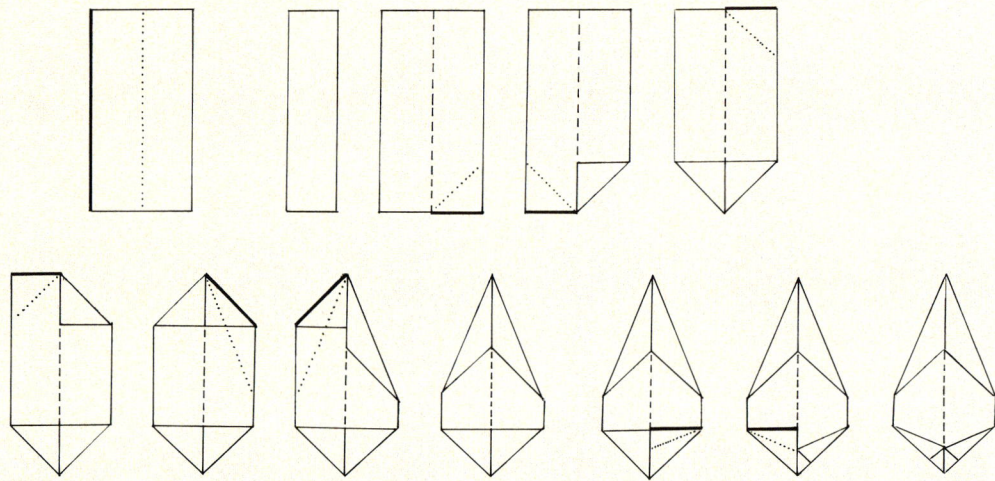

Um den Stern zusammenzukleben, bestreichen Sie die rechte untere Seite der Sternzacke (schraffierte Fläche) mit Klebstoff. Kleben sie die nächste Zacke so darauf, dass sich die unteren Spitzen berühren und die Seitenkante der zweiten Zacke am Mittelfalz der ersten Zacke liegt. Die weiteren Zacken werden genauso befestigt. Kleben Sie die letzte Zacke auf die vorletzte und unter die erste Zacke.

Licht in der Nacht

Es war ein bitterkalter Abend, weit und leer. Über den Hügeln flimmerte ein heller Stern, als sei er aus Rauschgold gemacht und ganz oben am Weihnachtsbaum aufgehängt. Die unbewegte Luft schien zu tönen wie das Innere einer großen, eisernen Glocke. Drinnen aber, in unserem gemütlichen Farmhaus, strahlten die rot glühenden Öfchen eine gute Wärme aus. Der Abendbrottisch war gedeckt, und ich hatte es mir eben bequem gemacht, als Bruce, unser kleiner Sohn, die Treppe heruntergeschritten kam — gespenstisch anzuschauen in seinem langen weißen Nachthemd, mit einem Mäntelchen aus purpurfarbenem, silberdurchwirktem Stoff über den Schultern. In der einen Hand hielt er eine gewaltige Krone aus gelber Pappe mit Rauschgold, und von der anderen hing ein reich verziertes Weihrauchgefäß herab. Seine Füße steckten in dünnen, schlappenden Sandalen. „Was in aller Welt soll denn das darstellen?", lachte ich. Meine Frau betrachtete den Buben kritisch, gleichzeitig aber voll Teilnahme und Zärtlichkeit. „Er ist doch einer von den Weisen aus dem Morgenland", erklärte sie leicht entrüstet. Der Blick, den sie mir dabei zuwarf, erinnerte mich unmissverständlich an mein Versprechen, unseren Sohn rechtzeitig zur Weihnachtsaufführung zum Schulhaus in die Stadt zu bringen. Ich schauderte bei dem Gedanken an die Kälte draußen, zog aber meinen dicken Mantel über und ging tapfer durch die Finsternis zur Garage.

Die Batterie in dem alten Wagen war längst tot, aber dank jener unberechenbaren Launen der Technik sprang der Motor sofort an. Doch noch ehe wir auf die Hauptstraße kamen, stand der Karren bereits wieder still. Mir sank das Herz. Ich schaute Bruce an, der aber hielt Krone und Weihrauchfass mit beiden Armen umklammert und starrte den endlosen Weg hinab, bis dorthin, wo er zwischen den einsamen Hügeln verschwand. Die Ortschaft lag mehr als anderthalb Meilen entfernt, und bis zur nächsten Tankstelle waren es noch über zwei Meilen. Bruce sagte immer noch kein Wort, nur waren seine Augen jetzt auf den großen Stern geheftet, der genau über dem zackigen Berggrat schimmerte. Eine unbehagliche Empfindung regte sich in mir, denn ich erkannte plötzlich, dass der Junge betete. Auch er hatte sein Versprechen gegeben, und jetzt betete er, dass ihn nur ja nichts davon abhalten möge, einen von den drei Weisen darzustellen an diesem verzauberten Weihnachtsabend. Ich mühte mich und rackerte mich mit dem Wagen ab — umsonst. Als ich wieder aufsah, war Bruce fort. Ein gutes Stück unten hastete er den Weg entlang, mit der einen Hand sein Gewand zusammenraffend, mit der anderen das Weihrauchfass schwenkend, die hohe goldene Krone schief über dem Kopf. Ich

wusste nicht, ob ich lachen oder ihm nachrufen sollte. Dann machte ich mich von neuem über den Wagen her. Schließlich gab der Motor ein heiseres Krächzen von sich. Ich kletterte ins Auto, fuhr los und überholte Bruce genau dort, wo die Chaussee in die Stadt einmündete. „Du hättest nicht davonlaufen sollen", knurrte ich. „Es ist doch viel zu kalt."

„Ich hatte den Weihrauch im Fässchen angezündet", sagte er. „Ich bin ganz warm geblieben. Außerdem hab ich mich immer nach dem Stern gerichtet und ein großes Stück abgeschnitten, quer durch Basoines Farm und grad bei der neuen Hütte bin ich wieder rausgekommen." Er zitterte vor Kälte. „Du hättest dir die Füße erfrieren können!"

„Ach, so schlimm war das nicht."

Wir kamen beizeiten im Schulhaus an. Ich stand ganz hinten unter den Zuschauern. Als ich Bruce kommen sah, wie er steifbeinig auf seinen wund gelaufenen und halb erfrorenen Füßen einherschritt, vor der Krippe niederkniete und sein Sprüchlein aufsagte, stieg wider Willen eine gewisse Ehrfurcht in mir auf. Als wir auf dem Heimweg waren, zeigte mir Bruce die Stelle, an welcher der Abkürzungsweg auf die Straße traf. „Da wohnen die Thompsons", sagte er und fügte hinzu: „Harry Thompson ist dort gestorben!"

Als wir bei den Basoines vorbeikamen, war das Haus hell erleuchtet. Das kam mir sonderbar vor. Denn seit George Basoine fortgegangen war, um in der Fremde sein Glück zu machen, war die Großmutter, die ihren jüngsten Sohn im Krieg verloren hatte, ganz zusammengefallen, und Trübsinn lag über dem Haus. Ich fuhr ganz langsam vorbei und konnte durch das Küchenfenster Lou Basoine sehen, wie er seine Pfeife rauchte und sich mit seiner Frau und seiner Mutter unterhielt.

Das war so ziemlich alles, was von diesem Abend zu berichten ist. Aber am Morgen des ersten Weihnachtsfeiertages kam eine freundliche Nachbarin mit einer Wildpastete und einem großen Krug Apfelwein zu uns. Sie ging in die Küche, wo meine Frau gerade beschäftigt war, das Weihnachtsmahl zuzubereiten. Als ich lautes Gelächter hörte, schlenderte ich auch in die Küche hinüber, denn für ländlichen Klatsch habe ich eine Schwäche.

„Du musst das hören!", rief meine Frau mir zu. Die Nachbarin sah mich mit glänzenden, aber etwas argwöhnischen Augen an. „Sie brauchen's meinetwegen nicht zu glauben", sagte sie, „doch ich sag's Ihnen trotzdem, die Leute, die hier in den Bergen leben, sehen mehr, als ein Mensch sonst sieht, und sie glauben auch daran." „Was haben Sie denn gesehen?", erkundigte ich mich neugierig. „Ich nicht. Es war die alte Mutter Basoine. Gestern Abend, als ihr wieder einmal so

105

recht elend zumute war, kam's ihr so vor, als höre sie etwas hinter der Scheune, und sie schaute hinaus. Nun muss ich von der alten Frau sagen, sie hat noch scharfe Augen. Der Mond schien zwar nicht, aber es war, wenn sie sich erinnern, eine helle Sternennacht. Und da sah sie, klar wie bei Tage, einen von den Heiligen Drei Königen aus der Bibel den Hügel hinunterkommen, mit einer goldenen Krone auf dem Kopf und so einem Topf mit Rauch in der Hand, den er hin und her schwenkte …"

Meine Frau und ich schauten einander an, doch ehe ich etwas sagen konnte, fuhr die Nachbarin voller Eifer fort: „Lachen Sie jetzt nicht. Es gibt noch andere Zeugen! Die Thompsons. Sie wissen doch, die, denen ihr ältester Junge gestorben ist! Dort hörten ihn zuerst die Kinder. Er sang: ‚Herbei, o ihr Gläubigen', ganz deutlich. Sie liefen ans Fenster, und dann sahen sie einen der Heiligen Drei Könige im Sternenlicht, goldene Krone und langes Gewand und Feuertopf und alles!"

Die Nachbarin schaute mich herausfordernd an. „Alte Leute und Kinder sehen Dinge, die wir vielleicht nicht sehen. Ich kann nur das eine sagen: Die Basoines und die Thompsons kennen einander nicht mal. Aber die alte Mutter Basoine fühlte sich einsam und dachte trauernd an ihren gefallenen Sohn, und die Thompsons fühlten sich auch einsam und traurig, weil dies das erste Weihnachten ohne Harry war, und sie haben auch zum Herrgott gebetet. Ich sage Ihnen, es war ein rechter Trost für sie, zu sehen und zu glauben!"

Es wurde still in der Küche. Die beiden Frauen blickten mir fragend ins Gesicht, vielleicht in der Erwartung, einem Ausdruck der Ungläubigkeit zu begegnen, da ich kein sehr religiös gesinnter Mensch bin. Aber was immer sie auch erwarten mochten: Was kam, war eine Überraschung für sie.

Mir war an jenem Weihnachtsabend kein Wunder erschienen, aber was ich gesehen hatte, war vielleicht eindrucksvoller als jene übernatürliche Erscheinung: Ein kleiner Junge aus Fleisch und Blut, der querfeldein dem Stern nachging, der Jahrhunderte zuvor die Drei Könige nach Bethlehem geführt hatte. Es lag mir fern, die Standhaftigkeit und Gläubigkeit zu verleugnen, die ich in jener Nacht in den Augen meines Sohnes gesehen hatte.

Und so sagte ich mit einer Aufrichtigkeit, die für die beiden Frauen beglückend war: „Ja, ich glaube, zur Weihnachtszeit ist uns Gott sehr nahe!"

William A. Anderson

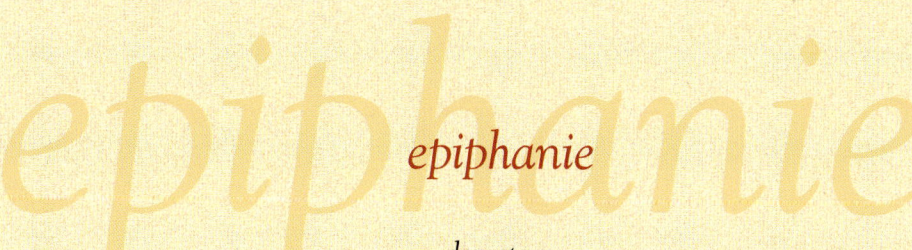

epiphanie

den stern
lob ich der
aus der reihe
tanzt
und unberechenbar
seine kreise zieht

den stern
lob ich den
kein fernrohr
findet
und der die rechner
zur verzweiflung bringt

den stern
lob ich der
die suchenden
bewegt
auf unbekanntes ziel
zu wandern

den stern
lob ich der
einem kind
zuliebe
die alte ordnung
sprengt

W. Bruners

Allerlei Stern-Plätzchen

Sahne-Sterne

Das wird gebraucht:

1 Eigelb

125 g Zucker

2 Päckchen Vanillezucker

4 EL saure Sahne

200 g Mehl

1 Messerspitze Backpulver

80 g Butter

Mehl zum Ausrollen

Puderzucker zum Bestäuben

So wird's gemacht:

Das Eidotter mit Zucker und Vanillezucker sehr schaumig schlagen, saure Sahne
unterrühren. Das Mehl mit dem Backpulver vermischen und auf die Masse sieben.
Butter in Flöckchen zerteilen, dazugeben und alles zu einem glatten Teig verkneten.
Den Teig in Folie verpackt ca. 30 Minuten kalt stellen. Anschließend auf einer mit
Mehl bestäubten Arbeitsfläche dünn ausrollen und Sterne ausstechen. Die Plätzchen
auf ein mit Backpapier ausgelegtes Backblech legen. Im Backofen (E-Herd: vorgeheizt
200 Grad, Gasherd: Stufe 3, Umluft: 180 Grad) 8-10 Minuten backen.

Zimtsterne

Zimtsterne

Das wird gebraucht:

3 Eiweiß

1 Prise Salz

250 g Puderzucker

1 TL Zitronensaft

300 g geriebene Mandeln

1 1/2 TL Zimt

So wird's gemacht:

Eiweiß mit dem Salz zu steifem Schnee schlagen, langsam den gesiebten Puderzucker
und Zitronensaft hinzufügen. Weiterschlagen bis der Schnee sehr fest ist. Etwa eine halbe
Tasse der Eischneemasse zum Bestreichen abnehmen und zur Seite stellen. Mandeln
und Zimt zur restlichen Masse geben und vorsichtig vermengen. Den Teig auf einer mit
Puderzucker bestreuten Arbeitsfläche etwa 7 mm dick ausrollen, Sterne ausstechen und auf
ein gefettetes oder mit Backpapier ausgelegtes Backblech legen. Mit der zurückbehaltenen
Eiweißglasur bestreichen und 30-40 Minuten bei 140-160 Grad (E-Herd, Gas: Stufe 1-2,
Umluft: 130-150 Grad) mehr trocknen als backen.

Gewürzsterne

Das wird gebraucht:

500 g feinstes Mehl

2 TL Backpulver

80 g geriebene Walnüsse

70 g geriebene Haselnüsse

200 g Puderzucker

1 Pck. Vanillezucker

2 Eier

geriebene Zitronenschale

je 1/2 TL Zimt, Nelken, Kardamon, Anis
   oder 2 gestr. TL Lebkuchengewürz

250 g Butter

für die Glasur:

250 g Puderzucker

1 EL Zitronensaft

2-3 EL heißes Wasser

Zum Verzieren:

Evtl. halbierte Walnuss- oder Haselnusskerne

So wird's gemacht:

Das mit Backpulver gemischte Mehl auf die Arbeitsfläche sieben und die Nüsse beimengen. In die Mitte eine Vertiefung drücken, Puderzucker, Vanillezucker, Eier, Zitronenschale und Gewürze hineingeben und mit einem Teil des Mehl-Nuss-Gemisches zu einem dicken Brei verarbeiten. Darauf die in kleine Stücke geschnittene kalte Butter geben und von der Mitte aus rasch zu einem glatten Teig verkneten. Etwa 1/2 - 1 Stunde kühl stellen.

Den Teig auf einer bemehlten Arbeitsfläche ca. 5 mm dick ausrollen, Sterne ausstechen und auf ein gefettetes oder mit Backpapier ausgelegtes Backblech legen. Die Plätzchen bei 175-200 Grad (E-Herd, Gas: Stufe 3, Umluft: 160-180 Grad) ca. 12-15 Minuten backen.

Aus Puderzucker, Zitronensaft und Wasser eine Glasur rühren und die ausgekühlten Sterne damit bestreichen. Nach Belieben mit halbierten Hasel- oder Walnusskernen verzieren.

Legende vom Strohstern

Als die Hirten auf den Feldern Bethlehems von der Geburt des Kindes gehört hatten, machten sie sich gleich auf den Weg, um es zu sehen. Auf dem Heimweg überlegten sie, was sie dem Kind bei ihrem nächsten Besuch schenken wollten: frische Schafsmilch, Mehl, Fett und ein warmes Fell.

Nathaniel, der kleinste Hirtenjunge, hatte nichts zum Verschenken. Das machte ihn traurig. Als er auf seinem Strohbündel lag, konnte er lange nicht einschlafen. Immer musste er an das Kind im Stall denken. Von draußen leuchtete hell der Weihnachtsstern auf sein Lager und tauchte die einzelnen Strohhalme in sein warmes Licht.

Da wusste Nathaniel plötzlich, was er dem Kind schenken konnte: einen Stern aus Stroh!

Leise, um die anderen nicht zu wecken, stand er auf. Mit einem Messer schnitt er ein paar Halme zurecht und legte sie zu einem Stern zusammen. Mit einem Wollfaden band er die Halme zusammen.

Am nächsten Tag, als die Hirten gemeinsam aufbrachen, trug Nathaniel den kleinen Stern aus Stroh vorsichtig in seinen Händen. Er wartete, bis die anderen ihre Geschenke dem Kind in die Krippe gelegt hatten.

Dann trat er zu dem Kind und hielt ihm mit zitternden Händen seinen Strohstern hin. Das Kind hielt den Stern fest und lächelte ihn an. Da wurde auch Nathaniel sehr froh.

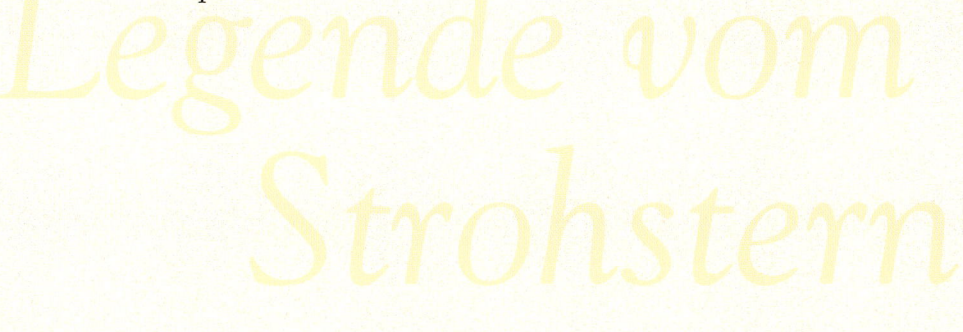

Weihnachten

Ankunft

Vom Geheimnis der Ankunft

Endlich ist es soweit. Die Zeit der Vorbereitung, des Wartens neigt sich dem Ende zu. Und doch ist für viele Kinder gerade der 24. Dezember der längste Tag im ganzen Jahr: Schließlich müssen die meisten bis zum Einbruch der Dunkelheit warten, bevor sie ins Weihnachtszimmer dürfen. Das hat seinen Grund: Die Geburt Jesu Christi im Stall von Bethlehem, die an Weihnachten gefeiert wird, fand erst in der Nacht zum 25. Dezember statt, so die Überlieferung. In vielen anderen Ländern beginnen die Weihnachtsfeierlichkeiten deshalb erst mit der Christmesse um Mitternacht. Doch bei uns hat sich im Laufe der Zeit der Schwerpunkt der Weihnachtsfeier immer mehr auf den Heiligen Abend, den Vorabend von Weihnachten verlagert.

Wenn gegen Mittag die Geschäfte schließen, die Straßen allmählich leerer werden und nun in den Wohnungen und Häusern die letzten geheimnisvollen Vorbereitungen getroffen werden, legt sich eine feierliche Stille über das Land. Jede Familie sucht und findet ihre eigenen Wege und Rituale, um das Weihnachtsfest zu feiern. In einigen Familien wird jetzt der Weihnachtsbaum geschmückt. Andere unternehmen einen nachmittäglichen Spaziergang, empfangen Verwandte oder machen selbst einen Besuch bei Nachbarn oder Großeltern. Am frühen Abend findet der erste Familiengottesdienst statt, den vor allem Familien mit kleineren Kindern besuchen. Manche Kinder spielen möglicherweise zum ersten Mal selbst bei einem Krippenspiel mit. Und inmitten der überwältigenden Fülle an weihnachtlichen Symbolen, den Lichtern und Sternen, der Stille, den Liedern und der Musik, wird die Weihnachtsbotschaft verkündet: „Uns ist ein Kind geboren." Es ist eine einfache, fast alltägliche Botschaft, die der Evangelist Lukas auch genauso sparsam beschreibt. Umso ausführlicher berichtet er von den Hirten, denen diese Nachricht überbracht wird und die sich aufmachen, um das Kind in der Krippe zu sehen. Und genau das ist vielleicht das Geheimnisvolle und Faszinierende an der Weihnachtsbotschaft: die Ankunft Gottes mitten im Alltäglichen, seine Größe und Herrlichkeit, die sich in einem Kind offenbart. „Hast du dir ihn größer vorgestellt", fragt Rainer Maria Rilke in einem seiner Gedichte. Doch „Was ist Größe", fährt er fort, um die Kurzlebigkeit von Königtümern und Schätzen aufzuzählen. Sein Gedicht endet mit den Worten: „Aber (du wirst sehen): Er erfreut."

Der schönste Tag

Als nun die Tage vorbei waren und der schönste Tag gekommen war — als gar nichts mehr zu tun war, weil alle Briefe geschrieben, alle Plätzchen gebacken, alle Päckchen gepackt waren und alle Zimmer so ordentlich dastanden, als seien sie wie neu — als es niemanden mehr gab, der es eilig hatte, und niemand mehr ungeduldig zu sein brauchte, weil es ja nun bald soweit war, sehr bald, der Tag wurde schon dunkel — als der Vater sich zu Leo und Lena ins Zimmer setzte und lächelte: Jetzt gleich ist es soweit — und doch noch einen Blick in die Zeitung warf und plötzlich sagte: Das ist aber schlimm, sehr schlimm, und Leo und Lena vorlas, dass ein Junge nun schon seit Tagen vermisst werde, dass man ihn suche und nicht finde, und Lena fragte, ob sie denn nicht alle helfen sollten, ihn zu suchen, und auch Leo auf einmal vergessen hatte, worauf sie warteten, und sagte: Wenn wir alle suchen, so müssen wir ihn doch finden, und der Vater erklärte, dass sie doch gar nicht wüssten, wo sie anfangen sollten zu suchen — da ging die Mutter, die nichts von dem Jungen gehört hatte, den Lena und Leo suchen sollten, in das Zimmer, das so lange verschlossen war, und sah sich noch einmal um. Da stand der Baum, groß und breit und bunt, und alles Geheimnisvolle hatte seinen Platz. Langsam begann sie, die Kerzen anzuzünden, und wie jedes Jahr in diesen Augenblicken fiel ihr ein, dass sie sich als Kind vorgestellt hatte, wie das Christkind mit allem Spielzeug durch verschlossene Fenster fliegen konnte, ohne dass es auch nur ein einziges Mal geklirrt hätte. Sie hatte sich das Christkind so groß vorgestellt, wie sie selber war, nur um so vieles schöner, in einem weißen Pelzmäntelchen, genauso eines, wie sie es besaß. Doch mit silbernen Schuhen, die sie nicht besaß. Und mit Flügeln natürlich, mit Flügeln. Leo und Lena, so dachte sie, kamen gar nicht auf den Gedanken, sich so etwas vorzustellen, und das tat ihr ein ganz klein wenig Leid. Da nahm sie die kleine Glocke, die nur einmal im Jahr klingelte, und machte die Tür weit auf.

Elisabeth Borchers

Vom Christkind

Denkt euch, ich habe das Christkind gesehen!
Es kam aus dem Walde, das Mützchen voll Schnee,
mit rot gefrorenem Näschen.
Die kleinen Hände taten ihm weh,
denn es trug einen Sack, der war gar schwer,
schleppte und polterte hinter ihm her.
Was drin war, möchtet ihr wissen?
Ihr Naseweise, ihr Schelmenpack –
denkt ihr, er wäre offen, der Sack?
Zugebunden bis oben hin!
Doch war gewiss etwas Schönes drin!
Es roch so nach Äpfeln und Nüssen.

Anna Ritter

Vom Christkind

Wissenswertes
rund um Weihnachten

„Weihnachten"

Das Wort „Weihnachten" geht auf die mittelhochdeutsche Wendung „zu wihen nahten" zurück, was auf Neuhochdeutsch „zu/in den heiligen Nächten" bedeutet. Ursprünglich wurden damit die zwölf geweihten Nächte rund um die Wintersonnenwende bezeichnet, die in vielen Kulturen mit religiösen Festen und Lichtbräuchen begangen wurden: So feierte man in den norddeutschen Ländern bis hinauf nach Skandinavien das Mitwinter- oder Julfest (wie es auch heute noch heißt) und in Rom fiel der mit großem Pomp gefeierte Geburtstag des unbesiegbaren Sonnengottes „Sol invictus" am 25. Dezember ebenfalls in diese Zeit.

Die Christen kannten in den ersten drei Jahrhunderten nach Christi Geburt eigentlich nur das Osterfest als christliches Jahresfest. Doch nach und nach wuchs das Bedürfnis, auch andere bedeutende Ereignisse aus dem Leben Jesu mit Festen gebührend zu würdigen. So gewann das Fest der Geburt Christi zunehmend an Bedeutung. Um den heidnischen Kulten entgegenzuwirken, wurde es ebenfalls auf den 25. Dezember gelegt. Mit Hinweis auf Worte aus dem Alten und Neuen Testament, in denen der Erlöser als „Sonne der Gerechtigkeit" (Maleachi 3,20) angekündigt wird oder Christus sich selbst als „Licht der Welt" bezeichnet, wurde Christi Geburt als Ankunft des „wahren Lichtes", als Sieg des Lichtes über die Finsternis – also eine Art „Wintersonnenwende der Weltgeschichte" – gedeutet. In Rom ist das Weihnachtsfest am 25. Dezember erstmals für das Jahr 354 bezeugt. Von dort aus breitete sich der Brauch immer weiter aus. Erst seit dem 12. Jahrhundert wird das Wort „Weihnachten" als Bezeichnung für das Geburtsfest Christi benutzt.

Die Weihnachtskrippe

Nicht nur in Kirchen, auch in vielen Familien ist es inzwischen Brauch, zu Weihnachten eine Krippe aufzustellen: Mit unterschiedlich gestalteten Figuren, insbesondere dem Jesuskind in einer Krippe, Maria und Josef, den Hirten, den Weisen aus dem Morgenland sowie verschiedenen Tieren, wird das Weihnachtsgeschehen szenisch nachgestellt. Die Anfänge der Weihnachtskrippe sind unklar. Vorbild waren vermutlich frühe bildliche Darstellungen sowie das geistliche Schauspiel im Mittelalter. Als Erfinder der Weihnachtskrippe wird häufig Franz von Assisi genannt, der 1223 in einer Höhle bei Greccio (Italien) das Weihnachtsgeschehen mit einer Futterkrippe voller Stroh sowie einem lebenden Ochsen und Esel in Szene setzte. Mitte des 16., Anfang des 17. Jahrhunderts werden die ersten frei beweglichen Krippen in Kirchen aufgestellt. Ende des 18. Jahrhunderts finden sie auch Platz in Bauernstuben und Wohnhäusern.

Die Weihnachtskrippe ist vor allem in den katholischen Ländern verbreitet, wo sie häufig den einzigen, aber höchst kunstvoll ausgestalteten Weihnachtsschmuck darstellt. Einige Regionen, insbesondere Tirol, Bayern oder Italien, wurden für ihre Krippenkunst, das Schnitzen hochwertiger Krippenfiguren, berühmt.

Weihnachtsschmuck

Während in vielen Ländern die Krippe wichtigstes Symbol des Weihnachtsfestes ist, übernimmt in den überwiegend protestantisch geprägten Ländern der Weihnachtsbaum diese Rolle. Die traditionellen Farben des Weihnachtsschmucks sind Rot und Grün. Dabei verweist die Farbe Rot auf das Blut und damit auf die Menschwerdung

Christi hin, erinnert aber auch an sein Blut, das er am Kreuz vergossen hat. Grün ist dagegen die Farbe des Lebens und der Hoffnung.

Ursprünglich bestand der Baumschmuck aus Äpfeln, Nüssen, Gebäck, Holzfiguren und Strohsternen. Die Äpfel erinnern an den Baum des Lebens im Paradies, die Strohsterne an das Stroh in der Krippe; sie vertreten zugleich den Stern von Bethlehem (Bethlehem heißt übersetzt „Haus des Brotes"). Auch Lametta, das an Engelshaar erinnern soll, gehört zum klassischen Baumschmuck. Die Christbaumkugeln kamen erst 1870 in Mode, als Justus Liebig entdeckte, wie er Glaskörper von innen versilbern konnte. Daraus entwickelte sich eine regelrechte Handwerkskunst der Christbaumkugel-Herstellung. Inzwischen werden die meisten Kugeln jedoch aus Kunststoff gefertigt. Das Schmücken des Baumes mit Gebäck oder Süßigkeiten ging mit dem schönen Brauch einher, dass die Kinder am Ende der Weihnachtszeit den Baum „plündern" durften.

Der uralte Hirte von Bethlehem

Micha möchte gern wissen, ob der Großvater an der Krippe in Bethlehem gewesen ist.

„Oh ja, ich war dort", sagt der Großvater. „Aber nicht gleich. Jedenfalls ist das lange her."

„Wann?"

„Als ich noch ein Hirt war", sagt der Großvater.

„Hast du das geträumt?"

„Nein", sagt der Großvater, „das denke ich mir aus. Und wahrscheinlich bin ich ein Schafhirte gewesen."

„Ein Schafhirt in Bethlehem?"

„Ja, so stelle ich mir das vor", sagt der Großvater. „Uralt war ich und sehr misstrauisch. Deshalb dachte ich auch gleich an den Wolf."

„Warum an den Wolf?", fragt Micha.

„Hirten müssen immer an den Wolf denken. Hast du nie davon gehört?"

„Doch", sagt Micha. „Der Wolf schleicht nachts um die Herde und will vielleicht eins von den kleinen Lämmern fressen, wenn keiner aufpasst – sagt Sabine."

„Aha, Sabine aus dem Kindergarten!", nickt der Großvater. „Deshalb dachte ich ja auch: Einer muss bei den Schafen bleiben, wenn sie alle zur Krippe gehen wollen. Damit die Herde nicht ohne Schutz ist."

„Und du bist bei den Schafen geblieben?", fragt Micha.

„Ja", sagt der Großvater. „Ganz allein saß ich in der Hürde und stützte den Kopf in die Hände. Ein Feuerchen brannte, weil es kalt war in dieser Nacht. Um mich herum hatten die Schafe sich zusammengedrängt und ruhten sich aus. Manchmal hörte ich sie leise schnaufen."

„Und dann? Ist der Wolf dann gekommen?"

„Ja. Plötzlich stand er vor mir. Ich muss wohl doch ein wenig eingenickt sein. Da schreckte ich hoch und sah seine großen Augen."

„Was wollte der Wolf?"

„Er hatte gar keine Angst vor mir. Dicht heran kam er und fragte mit seiner rauen Stimme: Weshalb bist du nicht bei der Krippe? Ich sagte: Weil ich auf dich gewartet habe. – Was? Auf mich hast du gewartet?, fragte der Wolf. Warum auf mich? Ich antwortete: Ich kenne dich doch. Ich weiß, du hast Hunger und bist ein gefährlicher Räuber. Aber sieh dich vor! Ich leide es nicht, wenn du dich in die Herde einschleichst! Dabei griff ich zu meiner scharf geschliffenen Axt."

„Sah der Wolf wirklich böse aus?", fragt Micha.

Der Großvater besinnt sich eine Weile.

„Viele Wölfe habe ich gekannt, solange ich Schafhirte war. Nie habe ich etwas anderes gehört, als dass sie Bösewichte sind. Aber merkwürdig, dieser Wolf kam mir seltsam vor. Scheu blickte er mich an und schwieg. Deshalb fragte ich ihn: Bist du denn nicht gekommen mir ein Schaf oder Lamm wegzu-

rauben? Der Wolf schüttelte den Kopf. Nein, sagte er, ein Schaf hätte ich doch längst rauben können, während du schliefst. Meinst du nicht, alter Hirte? Ja, das musste ich zugeben. Müde war ich gewesen und wenig wachsam. Ich stellte die Axt auf die Seite. Fast schämte ich mich vor dem grauen, zottigen Tier. Ich sagte: Das begreife ich nicht, Wolf. Weshalb bist du denn heute so anders?"

„Und was sagte der Wolf?"

„Diese Nacht ist auch anders, sagte er. Eine hochheilige Nacht hat er sie genannt oder so ähnlich. Ich fragte ihn, woher er das so genau wüsste. Oh, sagte der Wolf, der Stern war sehr groß und der Engel stand leibhaftig auf der Erde. Hast du beides nicht bemerkt? Ich sagte: Uralte Hirten sind schwerhörig und fast schon blind. Misstrauisch sind sie obendrein. Da kam der Wolf noch näher heran und sagte: Hör mal, du musst nach Bethlehem gehen, du blinder, schwerhöriger Hirt. Dort ist ein Stall mit einer Krippe. Und an dieser Krippe bin ich auch gewesen. Ich weiß also jetzt, dass dies eine besondere, eine hochheilige Nacht ist."

Micha sagt: „Hat der Wolf das Jesuskind gesehen?"

„Ja, er hat es gesehen. Dicht vor der Krippe hat er gestanden. Um ihn herum die Hirten. Und Ochs und Esel und viele andere Tiere: Katze und Maus, Fuchs und Hase, Löwe und Lamm. Sie alle hockten friedlich nebeneinander, behauptet der Wolf. Keins hat das andere gefressen. Nein, in dieser hochheiligen Nacht sind sie alle wie Bruder und Schwester."

Micha schüttelt den Kopf. „Aber es bleibt nicht immer so, hat Sabine gesagt."

„Recht hast du!", ruft der Großvater. „Aber Recht hatte auch der Wolf."

„Was sagte er?"

„Geh ohne Sorge, sagte er. Und noch etwas, dabei blickte er mich ernsthaft an. Ich will, sagte er, solange du fort bist, auf die Schafe und Lämmer Acht geben. Damit ihnen nichts Böses geschieht. Vielleicht haben nicht alle den Stern und das Kind gesehen."

„Bist du dann hingegangen, Großvater?"

„Ja, ich bin nach Bethlehem gegangen und habe das Jesuskind gesehn."

„Und der Wolf hat die Schafe gehütet?"

Der Großvater lacht. „Was meinst du, so etwas Merkwürdiges habe ich noch nie erlebt, so uralt ich auch bin. Bedenke doch, Micha: ein Wolf als Schafhirt! Nein, unmöglich kommt mir das vor, sooft ich daran denke. Und es ist trotzdem wahr."

Rudolf Otto Wiemer

Und so steht die Weihnachtsgeschicht

Es begab sich aber zu der Zeit, dass ein Gebot von dem Kaiser Augustus ausging, dass alle Welt geschätzt würde.

Und diese Schätzung war die allererste und geschah zur Zeit, da Quirinius Statthalter in Syrien war.

Und jedermann ging, dass er sich schätzen ließe, ein jeder in seine Stadt.

Da machte sich auf auch Josef aus Galiläa, aus der Stadt Nazareth, in das jüdische Land zur Stadt Davids, die da heißt Bethlehem, weil er aus dem Hause und Geschlechte Davids war, damit er sich schätzen ließe mit Maria, seinem vertrauten Weibe; die war schwanger.

Und als sie dort waren, kam die Zeit, dass sie gebären sollte.

Und sie gebar ihren ersten Sohn und wickelte ihn in Windeln und legte ihn in eine Krippe; denn sie hatten sonst keinen Raum in der Herberge.

Und es waren Hirten in derselben Gegend auf dem Felde bei den Hürden, die hüteten des Nachts ihre Herde.

Und der Engel des Herrn trat zu ihnen, und die Klarheit des Herrn leuchtete um sie; und sie fürchteten sich sehr.

Und der Engel sprach zu ihnen: Fürchtet euch nicht! Siehe, ich verkündige euch große Freude, die allem Volk widerfahren wird; denn euch ist heute der Heiland geboren, welcher ist Christus, der Herr, in der Stadt Davids.

Und das habt zum Zeichen: Ihr werdet finden das Kind in Windeln gewickelt und in einer Krippe liegen.

Und alsbald war da bei dem Engel die Menge der himmlischen Heerscharen, die lobten Gott und sprachen:

n der Bibel

Ehre sei Gott in der Höhe und Friede auf Erden bei den Menschen seines Wohlgefallens.

Und als die Engel von ihnen gen Himmel fuhren, sprachen die Hirten untereinander: Lasst uns nun gehen nach Bethlehem und die Geschichte sehen, die da geschehen ist, die uns der Herr kundgetan hat.

Und sie kamen eilend und fanden beide, Maria und Josef, dazu das Kind in der Krippe liegen.

Als sie es aber gesehen hatten, breiteten sie das Wort aus, das zu ihnen von diesem Kinde gesagt war.

Und alle, vor die es kam, wunderten sich über das, was ihnen die Hirten gesagt hatten.

Maria aber behielt alle diese Worte und bewegte sie in ihrem Herzen.

Und die Hirten kehrten wieder um, priesen und lobten Gott für alles, was sie gehört und gesehen hatten, wie denn zu ihnen gesagt war.

Lukas 2, 1-20

Stille Nacht, heilige Nacht

Stil - le Nacht, hei - li - ge Nacht! Al - les schläft, ein - sam

wacht nur das trau - te hoch - hei - li - ge Paar. Hol - der

Kna - be im lok - ki - gen Haar, schlaf in himm - li - scher

Ruh, __ schlaf in him - li - scher Ruh! __

Text: Joseph Mohr, 1818
Melodie: Franz Gruber, 1818

2. Stille Nacht, heilige Nacht!
Hirten erst kundgemacht;
durch der Engel Halleluja
tönt es laut von fern und nah:
Christ der Retter, ist da!

3. Stille Nacht, heilige Nacht!
Gottes Sohn, o wie lacht
Lieb aus deinem göttlichen Mund,
da uns schlägt die rettende Stund,
Christ, in deiner Geburt.

Zur Herkunft des Liedes

Eine längere Tradition als Adventskranz und Weihnachtsbaum weist das Weihnachtslied auf. Liederdichter und Komponisten verschiedenster Epochen haben das Weihnachtsgeschehen in Verse und Melodien zu fassen versucht, so dass ein ebenso reichhaltiger wie vielfältiger Liedschatz zur Advents- und Weihnachtszeit vorliegt. Die Entstehung des wohl am häufigsten gesungenen Liedes „Stille Nacht, heilige Nacht" ist legendär, handelt es sich bei ihm doch eigentlich um eine Notlösung: Als der Pfarrer Josef Mohr am 25. Dezember 1818 in Oberndorf die Christmette halten sollte, stand ihm in diesem hochwassergeschädigten Gebiet nur die Nikolauskapelle mit einer defekten Orgel zur Verfügung. Kurzerhand dichtete er nach dem Vorbild eines lateinischen Liedes den Text von „Stille Nacht" und bat seinen Freund Franz Xaver Gruber eine Melodie dazu zu schreiben. Bei der Christmette schließlich wurden die ursprünglich sechs Strophen des Liedes erstmals zur Gitarre gesungen.
Im Jahre 1821 fand der Orgelbauer Karl Mauracher bei der Orgelrenovierung die Komposition und brachte es ins heimatliche Zillertal. Von dort aus wurde es als Tiroler Lied, vorgetragen von den Zillertaler Sängerfamilien Rainer und Strasser, zunächst in Europa, schließlich in der ganzen Welt bekannt. Inzwischen wird es — um drei Strophen gekürzt und in mehr als 300 Sprachen übersetzt — zu Weihnachten fast überall auf der Welt gesungen.

... dann ist Weihnachten

In uns

Wir feiern Weihnachten,
auf dass diese Geburt auch
in uns geschieht.

Wenn sie nicht in mir geschieht,
was hilft sie mir dann?
Gerade, dass sie auch in mir geschieht,
darin liegt ja alles.

Meister Eckart

jedesmal

wenn zwei Menschen einander verzeihen, ist Weihnachten
wenn ihr Verständnis zeigt für eure Kinder, ist Weihnachten
wenn ihr einem Menschen helft, ist Weihnachten
wenn jemand beschließt, ehrlich zu leben, ist Weihnachten
wenn ein Kind geboren wird, ist Weihnachten
wenn du versuchst, deinem Leben einen neuen Sinn
zu geben, ist Weihnachten
wenn ihr einander anseht,
mit den Augen des Herzens,
mit einem Lächeln auf den Lippen,
ist Weihnachten

jedesmal

denn es ist geboren die Liebe
denn es ist geboren der Friede
denn es ist geboren die Gerechtigkeit
denn es ist geboren die Hoffnung
denn es ist geboren die Freude

denn es ist geboren Christus der Herr

Ihr Kinderlein, kommet

Ihr Kin-der-lein, kom-met, o kom-met doch all,
zur Krip-pe her kom-met in Beth-le-hems Stall

und seht, was in die-ser hoch-hei-lig-en Nacht

der Va-ter im Him-mel für Freu-de uns macht.

Text: Christoph von Schmid, 1811
Melodie: Johann Abraham Peter Schulz, 1794

2. O seht in der Krippe im nächtlichen Stall,

seht hier bei des Lichtleins hell glänzendem Strahl

in reinlichen Windeln das himmlische Kind,

viel schöner und holder, als Engel es sind.

3. Da liegt es, das Kindlein, auf Heu und auf Stroh,

Maria und Josef betrachten es froh,

die redlichen Hirten knien betend davor,

hoch oben schwebt jubelnd der Engelein Chor.

4. O beugt wie die Hirten anbetend die Knie,

erhebet die Hände und danket wie sie;

stimmt freudig, ihr Kinder, – wer wollt sich nicht freun? –

stimmt freudig zum Jubel der Engel mit ein.

Ihr Kinderlein, kommet

Am Weihnachtsmorgen

Als der frühe Morgen graut
und durchs kleine Fenster schaut,
da erwachen beide schon,
und die Mutter sieht den Sohn,
der noch eben krank gewesen,
heiter, blühend und genesen.
Hundertfacher Kerzenschein
füllt das kleine Zimmerlein.
Und in herrlicher Verklärung
glänzt die prächtige Bescherung.
Alles hat in später Nacht
hier der Engel hergebracht;

Weihnachtsbaum in vollem Prangen,
wunderherrlich ausgeschmückt
und mit allem reich behangen,
was nur Aug und Herz entzückt,
da ist auch der Stuwelpeter
und der lustige Trompeter;
Nüsseknacker steht dabei,
Hanselmänner sind es zwei,
Arche Noah und ein Hahn,
Häuser, Kirch und Baum daran,
und daneben auf der Erd
steht sogar das Schaukelpferd.

Heinrich Hoffmann

Für Kinder ist Weihnachten vor allem ein Fest der Geschenke. Ungeduldig fiebern sie der Bescherung am Heiligen Abend entgegen. Der Brauch der Bescherung reicht bis ins Mittelalter zurück, war jedoch zunächst mit dem Nikolaustag verbunden. Als im Zuge der Reformation das Christkind als Gabenbringer an die Stelle des Nikolauses trat und die Weihnachtsfeierlichkeiten immer mehr an Bedeutung gewannen, wurde auch die Bescherung zunehmend auf das Weihnachtsfest verlegt. In manchen Ländern dagegen (beispielsweise Italien und Spanien) findet die Bescherung erst am 6. Januar statt, dem Fest der Erscheinung Christi (*Epiphanie*), das älter als das Weihnachtsfest ist.

Die Geschenke haben zeichenhaften Charakter. Sie vollziehen Gottes Geschenk an die Menschen, das er mit der Geburt seines Sohnes gab, nach und verweisen zugleich auf die Geschenke, die die Heiligen Drei Könige dem Kind in der Krippe brachten.

Geschenkpapier und Geschenkanhänger

Zu Weihnachten sind oft eine Menge Geschenke zu verpacken. Doch statt teures Geschenkpapier zu kaufen, lassen sich mit etwas Fantasie sowohl kostengünstige wie originelle Verpackungen leicht selbst gestalten. Kinder freuen sich beispielsweise über farbenfrohe Pakete in buntem Krepppapier, die mit Bast oder Wolle umwickelt wurden. Edel sehen dagegen Geschenke in glänzendem und leicht gefältetem Seidenpapier aus, die mit einem breiten Satinband verschnürt oder einem Tortendeckchen verziert wurden. Bei selbst gemachtem Papier sowie Geschenkanhängern, die mit weihnachtlichen Motiven gestempelt wurden, können auch die Kinder mithelfen.

Das wird gebraucht:
Packpapier oder
   große Bögen weißes bzw. anderes helles einfarbiges Papier
Tonkarton
Acryl- oder Plakafarbe
Pinsel oder Farbroller
Locher, Silber- oder Goldstift
für die Stempel:
1 große rohe Kartoffel
Plätzchenausstecher
Orangen oder Sternenfrucht (Karambole)
Wellpappe und Paketschnur

So wird's gemacht:
Die große Kartoffel längs halbieren, Schnittfläche trocken tupfen. Mit einem Kugelschreiber die gewünschte Form aufzeichnen oder mit einem Plätzchenausstecher ein Motiv (z. B. Stern, Mond, Engel, Tannenbaum) eindrücken. Entlang der Kontur das Motiv mit einem scharfen Messer freilegen. Mit Pinsel oder Farbroller Farbe auftragen, eventuell Probedruck anfertigen und das Papier damit stempeln.

Auf ähnliche Weise lässt sich helles Papier mit Fruchtstempeln bedrucken:
Früchte halbieren, mit Küchenkrepp trocken tupfen, Farbe mit Pinsel oder
Farbroller auf der Schnittfläche auftragen und diese fest aufs Papier drücken.
Vorsicht beim Abheben der Fruchthälfte!
Stempel lassen sich auch mit Hilfe von Paketschnur auf
Wellpappe anfertigen. Dazu wird ein einfaches Motiv
(Stern, Engel, Spirale) auf die Pappe aufgezeichnet,
anschließend der Kleber entlang der Linie aufgetragen
und schließlich die Paketschnur aufgeklebt.

Für die Geschenkanhänger Schablone anfertigen, auf
Tonkarton übertragen, Anhänger ausschneiden und an
der Spitze mit einem Loch versehen. Die Anhänger mit kleineren
Stempelmotiven bedrucken und mit Gold-oder Silberstift beschriften.

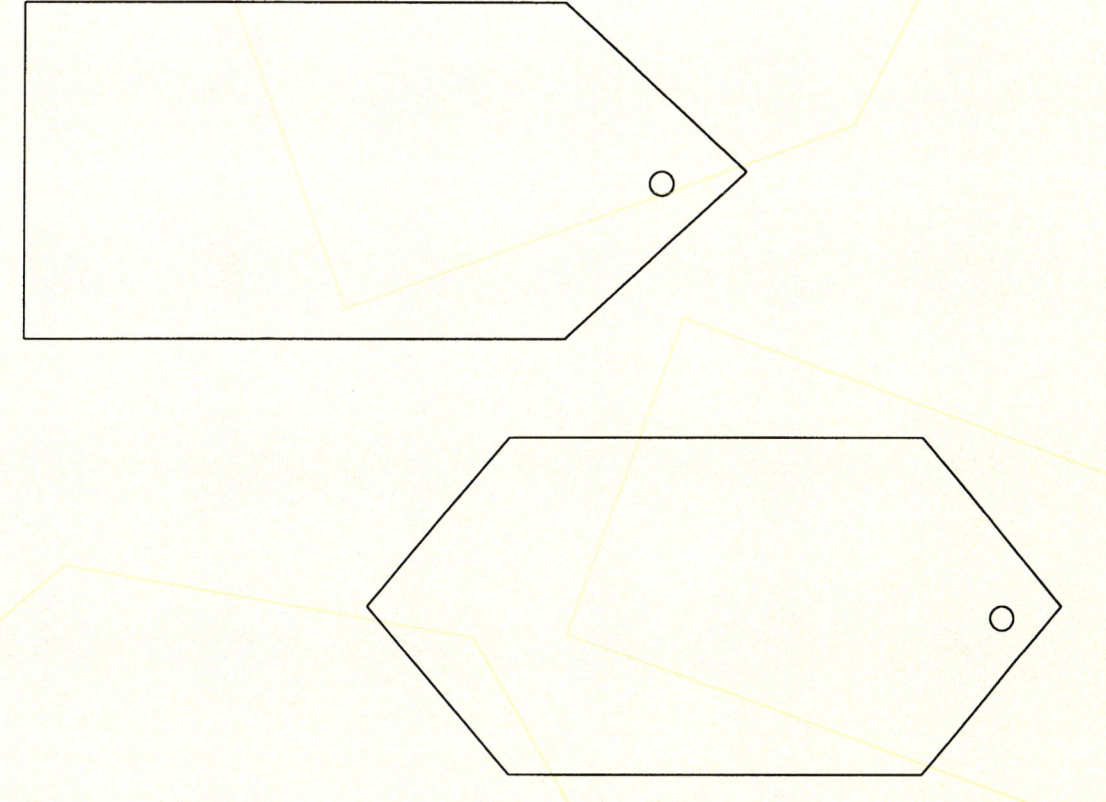

Malins Weihnachtsgeschenk

Die Schule war in einem kleinen roten Haus. In diese Schule ging Malin. Sie war neun Jahre alt. Am zweiten Juli hatte sie Geburtstag. Mitten im Sommer.

Malin hatte ein Geheimnis. Aber das erzählte sie niemandem.

Ja, eine Weile hatte sie sogar zwei Geheimnisse.

Das eine hätte sie fast Johan erzählt. Das war, als das erste Schuljahr vorbei war. Alle in der Klasse hatten ihre Sonntagskleider an. Die Lehrerin trug ein Kleid mit Blumen drauf. In einer Vase steckte ein großer Strauß Flieder. Der duftete durch das ganze Schulzimmer. Malin hätte fast geweint. Der Sommer war so lang. Es würde lange dauern, ehe die Schule wieder anfing. Sie musste einfach nach vorn gehen und die Lehrerin ganz fest umarmen. Dann gingen sie zur Kirche. Dort spielte Anderson auf der Orgel. Malin wusste, dass es Anderson war. Obwohl sie ihn nicht sehen konnte.

Und er spielte so, dass die ganze Kirche voll Musik war. So etwas Wunderbares hatte Malin noch nie gehört. Die Sonne leuchtete durch die Fenster der Kirche und mitten hinein in die Musik, die aus der Orgel floss. Malin wurde fast krank. Die hellen Härchen auf den Armen richteten sich auf. Sie kriegte eine Gänsehaut. Sie zitterte am ganzen Körper. Sie fror und konnte fast nicht atmen.

„Hast du schon mal so was Wunderbares erlebt?", fragte Malin Johan, als sie die Kirche verließen.

„Weil wir Sommerferien haben? Ja, das ist wunderbar", sagte Johan und fing an, auf der Stelle zu hüpfen.

„Nein, die Musik", sagte Malin.

„Welche Musik?", fragte Johan.

Da begriff Malin, dass Johan nicht dasselbe gefühlt hatte wie sie.

Den ganzen Sommer suchte Malin nach ihrer Musik. Manchmal kam ein bisschen im Fernsehen. Manchmal hörte sie ein bisschen im Radio. Nisse, der fünf Jahre älter war, hatte ein Tonbandgerät. Aber er mochte nur die Musik, die die anderen mochten.

Wonach Malin sich sehnte, das war etwas ganz anderes.

Aber das sagte sie niemandem. Es blieb ein Geheimnis. Ein bisschen komisch war das. Sie mochte Musik, die sonst niemand mochte. Aber daran war wohl nichts zu ändern.

Die Sommerferien waren jedenfalls gar nicht so lang. Plötzlich fing die Schule wieder an. Die Lehrerin war braun gebrannt und trug ein gelbes Kleid. Sie war sehr hübsch. Dann wurde es Herbst und Weihnachten und Winter und Frühling.

Malin wurde unruhig, als das Ende des Schuljahres kam. Sie war unruhig, als sie in die Kirche ging, und sie war unruhig, als

Anderson anfing zu spielen. Da wurde sie ganz ruhig. Es war genauso wunderbar wie im letzten Jahr.

Malin fand, dass die Musik ihr durch und durch ging. Als ob sie selbst zu Musik würde. Der ganze Körper und der ganze Kopf waren voller Musik.

In dem Sommer starb die alte Frau Bergman, die im Haus nebenan wohnte. Neue Nachbarn zogen ein. Sie hießen Jönsson und hatten keine Kinder. Aber sie hatten ein Klavier. Und gleich am ersten Abend spielte Frau Jönsson auf dem Klavier. Malin setzte sich auf den Rasen. Aus dem offenen Fenster kam die richtige Musik. Solche Musik wie in der Kirche. Obwohl es ein Klavier und keine Orgel war.

Malin stand auf, ging langsam durch das Gartentor, um die Hausecke und in das Haus von der alten Frau Bergman. Da saß Frau Jönsson und spielte. Obwohl die Kisten und Möbel noch in einem einzigen Durcheinander herumstanden.

Und sie hörte auch nicht auf zu spielen, obwohl Malin ins Zimmer kam. Sie lächelte nur und spielte und spielte. Während Herr Jönsson Bilder und Gardinen aufhängte.

„Du magst Musik wohl sehr", sagte Herr Jönsson.

„Jaa", flüsterte Malin. „Aber nur diese Musik."

„Das ist Mozart", sagte Frau Jönsson und drehte sich um. „Spielst du auch?" Malin schüttelte den Kopf. „Komm", sagte Frau Jönsson und setzte Malin auf den Stuhl. „Jetzt spielst du."

Malin sah sie an. Aber Frau Jönsson machte keinen Spaß.

Malin schlug eine weiße Taste an und dann eine schwarze. Und mehr schwarze und mehr weiße, bis das ganze Zimmer voller Töne war. Nein, das klang nicht wie in der Kirche. Oder wie Frau Jönssons Musik. Aber es klang.

In diesem Herbst lernte Malin Variationen über „Morgen kommt der Weihnachtsmann" auf dem Klavier spielen. Frau Jönsson brachte es ihr bei. Und das war das zweite Geheimnis. Bis Weihnachten.

Malin übte und übte und übte. Und als Weihnachten kam, konnte sie es. So leicht wie nur was.

Heiligabend, als Mama und Papa und Großvater und Nisse und Malin gerade zu Mittag gegessen hatten, klingelte Frau Jönsson an der Tür.

„Malin hat ein Weihnachtsgeschenk für Sie. Ein Geheimnis. Das will sie Ihnen bei uns zeigen. Können Sie nicht alle miteinander zum Kaffee herüberkommen?"

Mama und Papa verstanden nichts. Nisse kam nicht mit. Aber die anderen gingen zu

Jönssons. Und da setzte Malin sich ans
Klavier und spielte. Langsam und weich
und vorsichtig. Aber ganz richtig.

„Ja, was ist das denn?", sagte Mama.

„Wir haben den ganzen Herbst geübt. Malin
kann mehrere kleine Stücke von Mozart",
sagte Frau Jönsson.

„Aber warum sollte sie spielen?", sagte Papa.

„Wir haben ein Tonbandgerät und ein Tran-
sistorgerät und Radio und Fernsehen und
Schallplatten."

„Aber das ist nicht meine Musik", sagte Malin
langsam. „Und diese Musik hab' ich gemacht.
Nach diesen Noten."

„Du hast einen komischen Geschmack", sagte
Großvater.

„Das ist doch weder Pop noch Rockmusik
oder ABBA."

Aber Malin wurde weder böse noch unsicher
oder traurig. Frau Jönsson, die Anna hieß,

mochte Mozart. Dann konnte Malin ihn
auch mögen. Sie war nicht allein mit ihrem
Geschmack, nicht mehr.

Obwohl Mama und Papa und Großvater sie
ansahen und den Kopf schüttelten.

Dann spielte sie noch ein Stück von Mozart.

Aber in der Schule erzählte sie niemandem
von ihrer Musik. Das blieb ein Geheimnis.
Niemand in der Schule sollte es wissen.

Erst viele Jahre später, als sie mit der Schule
fertig waren. Es gab eine große Abschluss-
feier. Da saß Malin vorn am Klavier und
spielte ein langes Stück von Mozart. Mama
und Papa saßen dabei und nickten und
waren sehr stolz.

Aber richtig haben sie Malins Geheimnis
wohl nie verstanden. Oder wie man so voll
von Musik sein kann, dass der Körper
zittert und die Härchen sich auf den Armen
aufrichten.

Hans Peterson

Weihnachtswünsche

Ich wünsche mir einen langen Tag
ganz ohne alle Uhren
und auch Erwachsene, die nicht
stets auf Termine luren.
Ich wünsch mir Papa mit viel Zeit
für mich und meine Fragen
und dass Erwachsene nicht so oft
nur jammern oder klagen.
Ich wünsche mir, dass man mich mal fragt,
warum ich manchmal weine.
Ich wünsch mir, dass man mir mal sagt:
„Ich mag dich, meine Kleine!"
Ich wünsch mir, dass man nicht stets mahnt,
„Nicht jetzt, denk doch an später!"
Ich wünsch mir, dass ich ich sein darf
und nicht ein „Man" und „Jeder".
Ich wünsch mir Lehrer mit Humor
und solche, die gern lachen.
Dass ich nicht nur gescheit sein muss,
mal träumen darf im Wachen.
Frohe Gesichter um mich rum,
die nicht im Alter rosten.
Bekomm die Wünsche ich erfüllt?
Wohl kaum, weil sie nichts kosten.

Helmut Zöpfl

Weihnachtsmenü

Feldsalat mit Linsenvinaigrette

Das wird gebraucht:

400 g Feldsalat

150 g kleine Linsen

1 Schalotte

3 EL Sherry-Essig

2 EL Aceto Balsamico

8 EL Walnuss- oder
   Traubenkernöl

Pfeffer aus der Mühle

1 Prise Zucker

etwas Salz

So wird's gemacht:

Die Linsen in kochendem Wasser 3-5 Minuten garen, so dass sie noch etwas Biss haben. Abgießen und abkühlen lassen. Die Schalotte schälen und fein hacken. Die beiden Essigsorten mit dem Öl mischen und mit Pfeffer, Salz und Zucker würzen. Anschließend Schalotte und Linsen dazugeben. Den Feldsalat gründlich waschen, verlesen und trocken schütteln.

Portionsweise auf Tellern anrichten und mit der Linsenvinaigrette beträufeln.

Ente mit Rosmarin und Orangen

Das wird gebraucht
(6 Portionen):

2 unbehandelte Orangen
   (heiß abgewaschen)

200 g gepellte Zwiebeln

1 Ente (ca. 2 kg)

Salz

4 Zweige Rosmarin

400 ml Entenfond
   (bei Umluft 500-600 ml)

1-2 TL Speisestärke

So wird's gemacht:

Orangen und Zwiebeln in grobe Stücke schneiden. Von der Ente Hals und Flügel abschneiden und grob hacken. Ente von innen und außen salzen, mit 2/3 der Orangen, Zwiebeln und Rosmarin füllen und auf ein Backblech legen. Restliche Orangen, Zwiebeln, Rosmarinzweige und das Entenklein auf dem Backblech verteilen. Ente im vorgeheizten Backofen auf der untersten Schiene bei 220 Grad 30 Minuten rösten (Gas: Stufe 3-4, Umluft: 200 Grad). Hitze auf 180 Grad zurückschalten (Gas: 2-3, Umluft: 170 Grad).

350 ml (500 ml) Wasser zugießen. Die Ente weitere 90 Minuten garen, dabei immer wieder mit dem Bratenfond übergießen und nach und nach den Entenfond zugeben. Ente aus dem Ofen nehmen, auf ein anderes Blech setzen und im Ofen bei 80 Grad warm halten. Bratenfond vom Blech vorsichtig durch ein Sieb in einen Topf gießen, entfetten (Fettkännchen) und etwas einkochen. Stärke mit wenig Wasser glatt rühren, den Fond damit binden und evtl. salzen. Die Ente zerteilen und mit der Sauce und den Beilagen servieren. (Dazu passen Rotkohl und Kartoffelknödel.)

Panna cotta mit Fruchtsoße

Das wird gebraucht
(4-6 Personen):

500 g Sahne
1 Messerspitze gemahlene Vanille
1-2 EL Zucker nach Belieben
1 gestr. TL Agar-Agar

für die Fruchtsoße:

200 g saftige Früchte, z.B. Beeren
   oder Pfirsiche
etwas Zucker nach Belieben

zum Garnieren:

einige Pfefferminz- oder
   Zitronenmelisseblättchen

So wird's gemacht:

Die Sahne mit der Vanille und dem Zucker unter gelegentlichem Rühren in einem kleinen Topf 6-8 Minuten köcheln lassen.

Das Agar-Agar in 2-3 Esslöffeln Wasser anrühren, in die Sahne einrühren und 2-3 Minuten leicht kochen lassen.

Die Masse in eine kalt ausgespülte Schüssel oder in kleine Förmchen gießen, mindestens eine Stunde abkühlen und dabei fest werden lassen.

Für die Fruchtsoße das Obst waschen, putzen, eventuell schälen und mit Zucker nach Belieben pürieren.

Die Schüssel oder die Förmchen kurz in heißes Wasser tauchen und die Panna cotta stürzen, mit der Fruchtsoße auf Teller geben. Mit grünen Blättchen garnieren und servieren.

Zwischen den Jahren

Von den Möglichkeiten eines Aufbruchs

Die Zeit zwischen Weihnachten und Neujahr bzw. dem Dreikönigstag am 6. Januar, mit dem der weihnachtliche Festzyklus seinen Abschluss findet, ist von einer besonderen Atmosphäre geprägt. Nachdem die gespannte Erwartung am Heiligen Abend ihren ersten Höhepunkt gefunden hat, folgt jetzt eine ruhigere Phase: Die Kinder begutachten gegenseitig ihre Geschenke und probieren sie aus. Da Ferienzeit ist, bleibt Raum für Spiele, Besuche oder kleinere Ausflüge. Und immer wieder werden die Lichter am Weihnachtsbaum angezündet, bis er am Abend des Dreikönigstages von den Kindern geplündert werden darf. So sagt es ein alter Brauch.

Ursprünglich bezeichnete man jene elf Tage und zwölf Nächte zwischen dem 25. Dezember und 6. Januar als Zeit „zwischen den Jahren" – ein Begriff, der auf jene Versuche zurückgeht, den Kalender an den Lauf der Sonne anzugleichen. In dieser Zwischenzeit galten die normalen Gesetze nicht. Die Germanen beispielsweise waren der Auffassung, dass jetzt die Sonne stillstand. Die Christen versuchten diese Tage zur „heiligen Zeit" zu erklären, in der Geschäfte und Gerichtsbarkeit zu ruhen hatten. Doch so ganz ist es nicht gelungen, die abergläubischen Bräuche und Riten aus den vorchristlichen Rauhnächten zu vertreiben. Deutlich wird dies spätestens zum Jahreswechsel, der genau in die Mitte der zwölf Tage fällt. Stille und Besinnlichkeit weichen dem ausgelassenen und lärmenden Feiern. Der Blick richtet sich nach vorne und Aufbruchsstimmung macht sich breit: Was wird das neue Jahr bringen? Welche Schwierigkeiten, aber auch welche Möglichkeiten hält es bereit?

Und im Grunde ist Aufbruch auch das Thema der weiteren Weihnachtsgeschichte: Die Weisen aus dem Morgenland sind schon längst unterwegs. Sie folgen dem Stern ohne zu wissen, was sie am Ende erwartet. Und kaum haben sie das Kind in der Krippe gefunden und machen sich auf den Rückweg, erscheint Josef im Traum ein Engel, der ihn vor Herodes warnt und ihn zur Flucht nach Ägypten drängt: ein Aufbruch ins Ungewisse, auf den er sich im Vertrauen auf seinen Gott dennoch einlässt.

Brief an die Sonne

Am letzten Tag des Jahres, als es kühl und dunkel war im Wald, schrieben die Tiere einen Brief an die Sonne.

Sie hatten lange darüber nachgedacht, was sie der Sonne schreiben könnten, und suchten die vorsichtigsten Wörter aus, die sie kannten.

„Es ist ein Bittbrief", sagte die Ameise. „Ein flehentlicher Bittbrief."

Fast alle setzten sie ihren Namen darunter. Nur der Maulwurf, der Erdwurm, der Nachtfalter und die Fledermaus hatten Bedenken und hätten lieber das Gegenteil geschrieben.

Zu Hunderten warfen sie den Brief hoch, und der eisige Wind blies ihn zum Himmel, quer durch die niedrig hängenden Wolken. Zitternd saßen sie beieinander und warteten auf die Antwort und bliesen über ihre Fühler oder schlugen die Flügel übereinander.

Am späten Nachmittag erschien plötzlich ein kleines Loch in den Wolken. Ein Sonnenstrahl schoss herab, und an dem Sonnenstrahl rutschte ein Brief entlang. Mit großen Augen schauten die Tiere zu.

Der Brief fiel auf den Boden, und die Ameise trat vor und öffnete ihn.

Alle Tiere drängten sich um den Brief, einer lehnte sich über die Schultern des andern, sogar über die Schulter des Igels, und lasen:

> *Liebe Tiere,*
> *es ist gut. Bis bald!*
> *Die Sonne*

Sie stießen einen Seufzer der Erleichterung aus, schauten sich an, schüttelten sich gegenseitig die Flügel, die Flossen, die Fühler und Pfoten, wünschten sich das Allerbeste und gingen nach Hause.

Die meisten Tiere machten an diesem Abend noch ein paar Tanzschritte auf dem Fußboden vor ihren Betten, sangen leise: „Bis bald, bis bald …", krochen unter ihre dicken Zudecken und schliefen ein.

Toon Tellegen

Jahreswende

Jahreswende

Zur Jahreswende

Die Horoskope haben recht:
Das Alte Jahr war manchmal schlecht,
Und manchmal war es gut.
Das neue wird genauso sein:
Zur Hälfte Glück, zur Hälfte Pein.
Nur Mut, nur Mut, nur Mut!

So manche Hoffnung ward erfüllt,
so manche Sorge nie gestillt,
oft war es unbequem.
Das neue Jahr wird auch so sein:
Zur Hälfte groß – zur Hälfte klein.
Trotzdem, trotzdem, trotzdem!

Eva Rechlin

Zum neuen Jahr

Zwischen dem Alten,
Zwischen dem Neuen,
Hier uns zu freuen,
Schenkt uns das Glück,
Und das Vergangne
Heißt mit Vertrauen
Vorwärts zu schauen.
Schauen zurück.

Johann Wolfgang von Goethe

Wissenswertes
rund um den Jahreswechsel

„Zwischen den Jahren" – Alles eine Frage der Zeitrechnung

Mit dem Ausdruck „zwischen den Jahren" werden im Volksmund die Tage zwischen Weihnachten und Neujahr bezeichnet. Gleichzeitig aber erinnert diese Formulierung an die komplizierte Entwicklung des Kalendariums, die für uns heute so selbstverständlich ist. So orientiert sich die christliche Zeitrechung an der Geburt Christi und mit der Einteilung des Jahres in 365 Tage am Lauf der Sonne. Der 31. Dezember gilt als letzter, der 1. Januar als erster Tag des Jahres.

Das war aber nicht immer so und gilt auch längst nicht für alle Völker und Kulturen. Bei den Juden beispielsweise beginnt die Zeitrechnung im Jahre 3761 v. Chr., dem Jahr, in dem die Erschaffung der Welt vermutet wird. Die Moslems wiederum zählen ab dem Jahr 622 n. Chr., der Flucht Mohammeds von Mekka nach Medina, und legen den Mondzyklus ihrem Kalenderjahr zugrunde. Auch bei den Germanen richtete sich die Dauer eines Jahres ursprünglich nach den Vollmonden. Allerdings verschob sich damit

stets der Winter- und Sommeranfang. Deshalb mussten am Jahresende elf Tage und zwölf Nächte, die so genannten „Rauhnächte" eingeschoben werden. In dieser Zeit „zwischen den Jahren" vom 25. Dezember bis 6. Januar wurde mit allerlei heidnischen Bräuchen das alte Jahr verabschiedet und das neue begrüßt.

Im Jahr 46 v. Chr. ließ Gaius Julius Caesar den Kalender neu berechnen. Laut diesem Julianischen Kalender begann das Jahr nun mit dem 1. Januar, hatte 365 Tage, zwölf Monate und alle vier Jahre ein Schaltjahr mit 366 Tagen. Im Laufe der Jahrhunderte kam es nochmals zu Abweichungen vom tatsächlichen Sonnenlauf, die durch eine erneute Kalenderreform unter Papst Gregor XIII. im Jahre 1582 korrigiert wurden (Gregorianischer Kalender). Auch der Tag des Jahresbeginns wechselte zwischenzeitlich, doch schließlich setzten sich sowohl der Gregorianische Kalender wie der 1. Januar als Termin für den Jahreswechsel in West- und Mitteleuropa durch.

Der Jahresabschluss hat seinen Namen übrigens nach Papst Silvester I. (Papst von 314-335), dem Tagesheiligen des 31. Dezember.

Silvesterbräuche

In den Ritualen, mit denen der Jahreswechsel begangen wird, haben sich viele der vorchristlichen Bräuche rund um die Rauhnächte erhalten. Damals glaubte man, dass gerade in den langen Nächten der Mitwinterzeit böse Geister und Unholde ihr Unwesen trieben. Mit brennenden Holzrädern, großem Lärm und Geschrei, dem Ausräuchern der Häuser sowie Lichtern und immergrünen Zweigen sollten die Geister vertrieben und die schlafenden Naturgötter wieder aufgeweckt werden.

In dem modernen Silvesterfeuerwerk findet jener uralte Brauch der Dämonenvertreibung seine Fortsetzung: Waren es früher Peitschen, Schellen, Pauken und Trompeten sowie Glockengeläut, mit denen ein möglichst großes Getöse veranstaltet wurde, so sind es heute Knallkörper und Raketen. Gleichzeitig aber dient das große Spektakel heutzutage dazu, das neue Jahr freudig zu begrüßen.

Der Jahreswechsel ist häufig Anlass, auf das vergangene Jahr zurückzuschauen und über das kommende nachzudenken. Die Angst vor dem Unbekannten sowie der Wunsch, in die Zukunft zu blicken, hat zu allerlei magischen Ritualen und Wunschzaubereien geführt. Ein alter Brauch ist das *Bleigießen*: Das Blei wird erhitzt, bis es schmilzt und dann in kaltes Wasser geworfen. Aus der sich dabei bildenden Figur versucht man die Zukunft zu deuten. Ein weiterer Orakelbrauch ist das *Nüsseknacken*, wobei entscheidend ist, ob die Nüsse gefüllt oder hohl sind.

Ebenfalls sehr beliebt sind die so genannten Glücksbringer, die häufig das typische Silvestergebäck, Karten oder Tischdekorationen schmücken. Dazu zählen u. a. *Marienkäfer*, *Pilze* oder *vierblättrige Kleeblätter*. Letzteren wird durch ihr seltenes Vorkommen und ihren besonderen Wuchs Glück bringende Kraft zugeschrieben. Glück und Reichtum sollen auch *Hufeisen* verheißen; sie sind ebenfalls selten zu finden und verweisen auf das Pferd als wertvolles Statussymbol. Auch das *Schwein* als Glücksbringer ist ein Zeichen für Wohlergehen. In vielen Kulturen gilt das Schwein als heilig und in mittelalterlichen Wettspielen war der Trostpreis häufig ein „Schwein". Möglicherweise leitet sich die Vorstellung vom Glücksschwein auch von der Fähigkeit des Schweins ab, die wertvollen Trüffelpilze, sprich: schwer auffindbare Schätze im Wald aufzuspüren. Schließlich gilt auch der *Schornsteinfeger* oder Kaminkehrer als Glücksbringer: Er reinigt von Schmutz und Ruß und sorgt damit dafür, dass der „Kamin wieder raucht", also die Geschäfte wieder gehen.

Ein schöner Silvesterbrauch ist aus Spanien bekannt. Dort isst man um Mitternacht zu jedem Glockenschlag eine Weintraube und wünscht sich etwas dabei.

Neujahrswünsche

Ein typischer Neujahrswunsch um Mitternacht, häufig bei einem Glas Sekt, ist das „Prosit Neujahr". Prosit kommt aus dem Lateinischen und bedeutet so viel wie „es möge gelingen". Der teils locker, teils scherzhaft gemeinte „Gute Rutsch" leitet sich vermutlich von „Rosh Hashana", dem jüdischen Neujahrsfest ab, wobei „Rosh" Anfang, Kopf, Haupt und „Hashana" Jahr bedeutet.

Was würden Sie tun, wenn Sie das neue Jahr regieren könnten?

Ich würde vor Aufregung wahrscheinlich
Die ersten Nächte schlaflos verbringen
Und darauf tagelang ängstlich und kleinlich
Ganz dumme, selbstsüchtige Pläne schwingen.

Dann – hoffentlich – aber laut lachen
Und endlich den lieben Gott abends leise
Bitten, doch wieder nach seiner Weise
Das neue Jahr göttlich selber zu machen.

Joachim Ringelnatz

Zwölf mit der Post

Es herrschte eine schneidende Kälte. Am sternenhellen Himmel regte sich kein Lüftchen.

„Bums!" wurde ein alter Topf an die Haustür des Nachbars geworfen. „Puff, paff!" knallte eine Büchse. Man begrüßte in der Neujahrsnacht das neue Jahr. Jetzt schlug die Turmuhr zwölf!

„Trateratra!" kam die Post angefahren. Die große Postkutsche hielt vor dem Stadttore an. Sie war mit zwölf Personen voll besetzt.

„Hurra! Hurra! Hoch!", sangen die Leute in den Häusern der Stadt, wo die Neujahrsnacht gefeiert wurde, und Schlag zwölf erhob man sich mit dem gefüllten Glas, um das neue Jahr hochleben zu lassen.

„Prost Neujahr!", rief man. „Ein schönes Weib! Viel Geld! Keinen Verdruss und Ärger!"

Alles das wünschte man sich gegenseitig. Und darauf stieß man auch mit den Gläsern an, dass es klang und sang. – Zur selben Zeit hielt vor dem Stadttore der Postwagen mit den zwölf fremden Gästen. Wer waren diese Fremden? Jeder von ihnen führte seinen Reisepass und sein Gepäck bei sich. Ja, sie brachten sogar Geschenke für dich und mich und alle Menschen des Städtchens mit. Wer waren sie und was wollten sie und was brachten sie?

„Guten Morgen!", riefen sie der Schildwache am Eingang des Stadttores zu.

„Guten Morgen!", antwortete diese, denn die Uhr hatte ja zwölf geschlagen.

„Ihr Name, Ihr Stand?", fragte die Schildwache den Fremden, der zuerst aus dem Wagen stieg.

„Sehen Sie selbst in meinem Passe nach", antwortete der Mann. „Ich bin ich!" Er war auch ein ganzer Kerl, angetan mit Bärenpelz und Pelzstiefeln. „Ich bin der Mann, in den sehr viele Leute ihre Hoffnung setzen. Komm morgen zu mir! Ich gebe dir dann ein Neujahrsgeschenk! Ich werfe Groschen und Taler unter die Leute. Ja, ich gebe auch Bälle, ganze einunddreißig Bälle, mehr Nächte darf ich aber nicht daraufgehen lassen. Meine Schiffe sind eingefroren, aber in meinem Kontor ist es warm und gemütlich. Ich bin Kaufmann, heiße Januar und führe nur Rechnungen mit mir."

März

Nun stieg der zweite aus. Der schien ein richtiger Bruder Lustig. Er war Schauspieldirektor, Direktor der Maskenbälle und aller Vergnügungen, die man sich nur denken kann. Sein Gepäck bestand aus einer großen Tonne.

„Aus dieser Tonne", rief er, „wollen wir zur Fastnachtszeit die Katze herauslassen. Ich werde euch und auch mir viele Vergnügungen bereiten. Alle Tage soll es lustig sein! Ich habe nicht allzu lange zu leben. Von der ganzen Familie die kürzeste Zeit, da ich nur achtundzwanzig Tage alt werde. Bisweilen schalten sie mir noch einen Tag ein, aber das kümmert mich wenig, hurra!"

„Sie dürfen nicht so schreien!", mahnte die Schildwache.

„Ei was", rief der Mann, „freilich darf ich schreien, ich bin Prinz Karneval und reise unter dem Namen Februarius."

Nun stieg der dritte aus. Er sah wie das leibhaftige Fasten aus. Aber er trug die Nase hoch, denn er war verwandt mit den „vierzig Rittern" und zugleich Wetterprophet. Allein, das ist kein fettes Amt, und deshalb pries er auch das Fasten. In seinem Knopfloch trug er ein Sträußchen sehr kleiner Veilchen.

April

„März! März!", rief ihm der vierte nach und schlug ihn auf die Schulter. „Riechst du nichts? Lauf schnell in die Wachstube, dort trinken sie Punsch, deinen Leib- und Labetrunk. Ich rieche es schon von weitem. Marsch, Herr Martius!" – Aber es war nicht wahr; der wollte ihn nur die Wirksamkeit seines Namens spüren lassen, ihn in den April schicken. Auf diese Weise begann der vierte seinen Lebenslauf in der Stadt. Er sah überhaupt sehr flott aus. Arbeiten tat er nur sehr wenig; umso lieber aber machte er Feiertage. „Wenn es nur etwas beständiger in der Welt wäre", rief er, „aber einmal ist man gut, dann wieder schlecht gelaunt, je nach den Verhältnissen. Bald gibt es Regen, bald Sonnenschein. An- und Ausziehen! Ich bin so etwas wie Lokalvermietungsagent, auch Leichenbitter. Ich kann lachen und weinen, je nach den Umständen! In meinem Koffer habe ich Sommergarderobe, aber es würde sehr töricht sein, sie anzuziehen. Hier bin ich nun! Sonntags geh' ich in weißseidenen Strümpfen, mit Schuhen und Muff spazieren."

Nach ihm stieg eine Dame aus dem Wagen. Es war Fräulein Mai. Sie trug ein Sommerkleid und Überschuhe, ein lindengrünes Kleid und Anemonen im Haar. Dazu duftete sie dermaßen nach Waldmeister, dass die

Mai

Juni

Juli

Schildwache niesen musste. „Zur Gesundheit und Gottes Segen!", grüßte sie freundlich. Sie sah niedlich aus. Von Beruf war sie Sängerin. Nicht Theater- oder Bänkelsängerin, nein, Sängerin des Waldes. Sie durchstreifte den frischen grünen Wald und sang dort zu ihrem eigenen Vergnügen.

„Jetzt kommt die junge Frau!", hörte man aus der Kutsche rufen. Und wirklich stieg eine junge Frau aus, fein, stolz und niedlich. Man sah es der Frau Juni an, dass sie gewohnt war, von faulen Siebenschläfern bedient zu werden. Am längsten Tage des Jahres gab sie eine große Gesellschaft, damit die Gäste Zeit hätten, die vielen Gerichte der Tafel zu verzehren. Sie hatte zwar ihre eigene Equipage, aber sie reiste mit der Post wie die andern, weil sie zeigen wollte, dass sie nicht hochmütig wäre. In ihrer Begleitung befand sich ihr jüngerer Bruder Julius.

Dieser war ein wohlgenährter Bursche, sommerlich gekleidet und mit einem Panamahut auf dem Kopf. Er führte nur wenig Gepäck mit sich, weil dies bei großer Hitze zu beschwerlich ist. Deshalb hatte er auch nur eine Schwimmhose bei sich, und diese wiegt bekanntlich nicht viel.

Hinter ihm kam die Mutter selbst, Madame August, Obsthändlerin en gros, Besitzerin vieler Fischteiche, Landwirtin in großer Krinoline *(Reifrock als Unterrock)*. Sie war dick und schwitzte, fasste aber selbst überall an und trug eigenhändig den Arbeitern Bier auf das Feld hinaus. „Im Schweiße deines Angesichts sollst du dein Brot essen!", sagte sie, „das steht in der Bibel. Erst danach kommen die Spazierfahrten, Tanz und Spiel im Grünen und die Erntefeste!" Sie war eine tüchtige Hausfrau.

Nach ihr stieg wieder ein Mann aus der Kutsche. Er war ein Maler und nannte sich Herr Koloriermeister September. Er arbeitete für den Wald. Die Blätter der Bäume mussten ihre Farbe wechseln, wenn er wollte. Aber wie schön war das. Bald schillerte der Wald in Rot, Gelb oder Braun. Der Meister pfiff wie der schwarze Star, war ein flinker Arbeiter und wand die braungrünen Hopfenranken um seinen Bierkrug. Das schmückte den Krug, und für Putz und Schmuck hatte er viel übrig. Nun stand er da mit seinem Farbentopf, seinem ganzen Gepäck!

Ihm folgte der Gutsbesitzer, der an den Saatmonat, an das Pflügen und Eggen des Bodens, aber auch an die Jagdvergnügen denkt. Herr Oktober führte Hund und Büchse mit sich und hatte Nüsse in seiner

Oktober

Jagdtasche: „Knick, knack!" Er trug viel Reisegut mit sich, sogar einen englischen Pflug, und sprach von der Landwirtschaft. Aber vor lauter Husten und Stöhnen seines Nachbars hörte man nicht viel davon. Es war der November, der so hustete, während er ausstieg. Dieser hatte einen kräftigen Schnupfen und putzte sich fortwährend die Nase. Aber er meinte, dass er die Dienstmädchen in ihre neuen Winterdienste einführen müsse und dass sich die Erkältung schon verliere, wenn er ans Holzmachen gehe. Holz müsse er aber sägen und spalten, denn er sei Sägemeister der Holzmacherinnung. Die Abende verbringe er mit Schneiden von Schlittschuhhölzern, denn er wisse wohl, so sagte er, dass man in wenigen Wochen Bedarf für dieses Schuhwerk haben werde.

Endlich kam der letzte Passagier zum Vorschein, das alte Mütterchen Dezember mit der Feuerkiepe. Die Alte fror, aber ihre Augen strahlten wie zwei helle Sterne. Sie trug einen Blumentopf auf dem Arm, in dem ein kleiner Tannenbaum eingepflanzt war. „Den Baum will ich hegen und pflegen, damit er gedeihe und bis zum Weihnachtsabend vom Fußboden bis oben an die Decke reiche und mit flammenden Lichtern, goldenen Äpfeln und ausgeschnittenen Figürchen geschmückt werde. Die Feuerkiepe wärmt wie ein Ofen. Ich hole das Märchenbuch aus der Tasche und lese laut daraus vor. Alle Kinder im Zimmer sind dann still, die Figürchen an dem Baume aber werden lebendig. Der kleine Wachsengel auf der Baumspitze kräht, breitet die Flittergoldflügel aus, fliegt von seinem grünen Sitz herab und küsst Klein und Groß im Zimmer. Er küsst aber auch die armen Kinder, die draußen auf dem Flur und auf der Straße stehen und das Weihnachtslied von dem Bethlehemstern singen."

„So! Jetzt kann die Kutsche passieren", sagte die Schildwache, „wir haben alle zwölf Reisenden! Der Beiwagen soll vorfahren!"

„Schick doch erst die zwölf zu mir herein!", befahl der wachhabende Kapitän, „einen nach dem anderen! Die Pässe behalte ich hier. Sie gelten jeder einen Monat. Wenn dieser verstrichen ist, werde ich das Verhalten auf dem Passe bescheinigen. Herr Januar, belieben Sie näher zu treten!"

Und Herr Januar trat näher.

Wenn ein Jahr verstrichen ist, werde ich dir sagen, was die zwölf dir, mir und uns allen gebracht haben. Jetzt weiß ich es noch nicht, und sie selbst wissen es wohl auch nicht, denn wir leben in einer kuriosen Zeit.

Hans Christian Andersen

Dezember

November

Der Dreikönigstag (6. Januar)

Der Dreikönigstag am 6. Januar bildet den Abschluss der Weihnachtszeit. Er wird zu Ehren der drei Weisen aus dem Morgenland gefeiert, die dem Stern von Bethlehem folgten und bis zur Krippe im Stall zogen, um dort vor Jesus niederzuknien und ihm Geschenke zu bringen.

Anfangs feierten die ersten Christen an diesem Tag das Fest der Epiphanie, der Erscheinung Gottes in Jesus Christus, also eine erste Form von Weihnachten. Das Datum entstand vermutlich in Konkurrenz zum orientalischen Fest der Geburt Äons, des Gottes der Zeit und der Ewigkeit. In manchen Regionen wird das Fest aber auch mit der Taufe Jesu und seinem ersten Wunder, der Verwandlung von Wasser in Wein in Zusammenhang gebracht.

Erst im 4. Jahrhundert, als das Weihnachtsfest am 25. Dezember an Bedeutung gewann, verschmolz das Fest der Epiphanie mit dem der Anbetung der Weisen aus dem Morgenland: Sie waren die ersten Heiden, die vor aller Welt bezeugen konnten, dass Gottes Herrlichkeit in dem Kind in der Krippe erschienen war.

Etwa im 6. Jahrhundert wurden aus den „Magiern" Könige und der 6. Januar mehr und mehr zum Dreikönigstag. Dazu trug nicht zuletzt die Überführung ihrer Gebeine von Mailand nach Köln im Jahre 1164 bei. Im 9. Jahrhundert schließlich erhielten die Könige ihre Namen, unter denen sie heute allgemein bekannt sind: Caspar, Melchior und Balthasar.

Der
Dreikönigstag

Die Weisen aus dem Morgenland

Da Jesus geboren war zu Bethlehem im jüdischen Lande, zur Zeit des Königs Herodes, siehe, da kamen die Weisen vom Morgenland nach Jerusalem und sprachen:

„Wo ist der neugeborene König der Juden? Wir haben seinen Stern gesehen im Morgenland und sind gekommen, ihn anzubeten."

Da das der König Herodes hörte, erschrak er und mit ihm das ganze Jerusalem. Und er ließ versammeln alle Hohenpriester und Schriftgelehrten unter dem Volk und erforschte von ihnen, wo Christus sollte geboren werden.

Und sie sagten ihm: Zu Bethlehem im jüdischen Lande; denn also steht geschrieben durch den Propheten:

„Und du, Bethlehem im jüdischen Lande, bist mitnichten die kleinste unter den Städten in Juda; denn aus dir soll mir kommen der Herzog, der über mein Volk Israel ein Herr sei."

Da berief Herodes die Weisen heimlich und erkundete mit Fleiß von ihnen, wann der Stern erschienen wäre,

und wies sie nach Bethlehem und sprach: Ziehet hin und forschet fleißig nach dem Kindlein; und wenn ihr's findet, so sagt mir's wieder, dass ich auch komme und es anbete.

Als sie nun den König gehört hatten, zogen sie hin. Und siehe, der Stern, den sie im Morgenland gesehen hatten, ging vor ihnen hin, bis dass er kam und stand oben über, wo das Kindlein war.

Da sie den Stern sahen, wurden sie hoch erfreut und gingen in das Haus und fanden das Kindlein mit Maria seiner Mutter, und fielen nieder und beteten es an und taten ihre Schätze auf und schenkten ihm Gold, Weihrauch und Myrrhe.

Und Gott befahl ihnen im Traum, dass sie nicht sollten wieder zu Herodes gehen, und sie zogen auf einem anderen Weg wieder in ihr Land.

Matthäus 2,1-12

Wissenswertes
um das Dreikönigsbrauchtum

Sternsingerbrauch

Im Gedenken an die drei Weisen aus dem Morgenland ziehen am 6. Januar die Sternsinger von Haus zu Haus. Gekleidet wie Könige tragen sie einen großen Stern bei sich, singen Lieder von der Geburt Jesu und sammeln Geld oder kleine Gaben. Anschließend segnen sie die Häuser der großzügigen Spender: früher, indem sie Weihwasser an die Wohnungen und Ställe sprengten, heute mit einem Segenszeichen an der Hauswand. Der Brauch ist bereits aus dem Mittelalter bekannt, wo er jedoch anfangs mit den Umzügen rußgeschwärzter Gestalten am Ende der Rauhnächte vermischt war. Heute ist das Dreikönigssingen zu einer eindrucksvollen Aktion der katholischen Jugendarbeit in Zusammenarbeit mit dem Kinder-Missionswerk geworden. Unter dem Motto „Damit Kinder leben können" sammeln die von der katholischen Kirche entsandten Sternsinger Spenden für Hilfsprojekte in anderen Ländern, die vor allem die Lebens- und Zukunftschancen der Kinder dort verbessern sollen.

20 + C + M + B + 05

Haben die Sternsinger von den Hausbewohnern eine Spende für ihr Projekt erhalten, schreiben sie mit Kreide die drei Buchstaben C + M + B sowie die aktuelle Jahreszahl an die Häuserwand. Zum Teil werden auch entsprechende Aufkleber über der Tür angebracht. Bei dem Kürzel handelt es sich um eine Segensformel: „Christus Mansionem Benedicat", zu deutsch „Christus segne dieses Haus". Die drei Buchstaben werden aber auch auf die Namen Caspar, Melchior und Balthasar bezogen. Viele Menschen lassen diesen Segenswunsch über Jahre an ihrem Haus stehen.

Der Dreikönigskuchen

Beim klassischen Dreikönigskuchen handelt es sich um ein süßes Hefegebäck, das meist aus sechs ringförmig um ein Mittelstück angeordneten Teigstücken besteht. Früher hieß der Kuchen auch Bohnenkuchen, weil in einem der Teigstücke eine Bohne versteckt war. Wer sie fand, wurde zum Bohnenkönig und durfte einen ganzen Tag lang bestimmen, was gemacht werden sollte. Heute ist dieser schon sehr alte Brauch nur noch in manchen Regionen (insbesondere Schweiz, Frankreich, Österreich) verbreitet, und statt der Bohne sind meist kleine Figuren aus Kunststoff mit eingebacken.

Wir basteln eine Krone

Wer das Spiel des „Bohnenkönigs" spielen möchte, braucht natürlich eine Krone.
Sie lässt sich mit wenig Aufwand leicht selbst herstellen.

Das wird gebraucht:

Tonkarton in Gold
Zentimetermaß
Schere, Hefter, Kleber
Glitzersteine, Hologrammfolie,
  Knöpfe o. Ä. zum Dekorieren

So wird's gemacht:

Zunächst wird der Kopfumfang gemessen (etwa 50-55 cm). Anschließend überträgt man
auf die Rückseite des Tonkartons den entsprechend vergrößerten Umriss einer Krone.
Die Grundlinie entspricht dem Kopfumfang, für die Befestigung wird an einer Seite eine
etwa 3 cm lange Lasche dazugegeben. Die Krone ausschneiden, mit Glitzersteinen, Knöpfen
oder aus Hologrammfolie ausgeschnittenen Motiven verzieren. Anschließend die Krone
zusammenbiegen, anprobieren und mit Klebstoff oder Heftklammern fixieren.

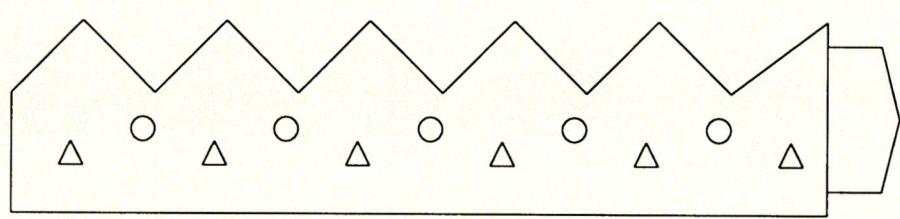

Wir kommen daher aus dem Morgenland

Text: Maria Ferschl
Melodie: Heinrich Rohr

2. Es führt uns der Stern zur Krippe hin,
wir grüßen dich, Jesus, mit frommem Sinn.
Wir bringen dir uns're Gaben dar:
Weihrauch, Myrrhe und Gold fürwahr!

3. Wir bitten dich, segne nun dieses Haus
und alle die gehen da ein und aus!
Verleihe ihnen zu dieser Zeit
Frohsinn, Frieden und Einigkeit!

4. Wir tun die geweihte Kreide herfür,
nun lasst uns schreiben an eure Tür.
So wünschen wir euch ein gesegnetes Jahr:
Kaspar, Melchior und Balthasar.

Roter König - weißer Stern

Am Rand eines Berglandes im weiten Amerika lebte Silbermond. Eines Nachts sah er am Himmel einen weißen Stern. Der zog einen Schweif aus Goldstaub hinter sich her. Silbermond kannte den Sternhimmel gut, doch so etwas hatte er nie zuvor gesehen. Er rief sein Volk zusammen und sagte: „Ein neuer Stern ist aufgegangen. Ich bin sicher, es ist der Stern eines großen Königs. Ich will mich aufmachen und dem neuen König huldigen." Er nahm viele Geschenke mit. Drei Lamas bekamen Krüge mit Wasser und Öl und Honig auf den Rücken geladen. Auch Maisbrot und Trockenfleisch trugen sie und ein Armband aus kostbarer Jade, einen Beutel mit Goldkörnern und einen bunt gewebten, warmen Umhang. Silbermond sagte: „Lebt wohl." Sein Bruder Schneller Hirsch gab ihm noch einen Rat mit auf den Weg: „Schau nicht links, schau nicht rechts, scher dich um nichts, sonst kommst du nie ans Ziel." Die Mutter aber nahm einen Schmuck mit einer schimmernden Perle von ihrem Hals, legte Silbermond diesen um und sagte: „Das ist mein eigener Brautschmuck. Es soll dich erinnern, dass du jedem hilfst, der eine Hilfe nötig hat."

Nach Tagen traf Silbermond auf zwei Mädchen und eine Frau. Die litten Hunger, denn der Vater war viele Tage zuvor auf die Jagd gegangen und nicht zurückgekehrt. Da schenkte Silbermond, was er zu essen bei sich hatte, und dachte: Der, der die Sterne lenkt, wird mich nicht umkommen lassen. Und er zog weiter.

Als er ins Gebirge kam, war dort schon der Winter eingekehrt. Silbermond fand einen alten Mann. Der hatte sich vor einem Schneesturm unter eine Tanne geflüchtet und war halb erfroren. Silbermond gab ihm den warmen, bunt gewebten Umhang. Den ganzen Winter blieb er bei dem Alten; denn der Schnee lag so hoch, dass Silbermond nicht übers Gebirge gehen konnte. Im Frühling brach er auf. Hinter dem Gebirge lag ein herrliches Wiesenland. Jetzt werde ich schneller vorwärts kommen, dachte Silbermond. Aber im Grase lag ein Hirtenjunge. Der hatte gegen Wölfe gekämpft. Doch die Wölfe waren stärker gewesen als er. Sie hatten ihn verwundet und seine Lamas in alle Winde gejagt. Da pflegte Silbermond ihn gesund. Als der Herbst kam, machte er sich wieder auf und zog dem schönen Stern nach. Dem Hirtenjungen schenkte er seine Lamas, denn ein Hirte ohne Herde, das ist ein armer Mensch. Schließlich gelangte Silbermond an die Meeresküste. Ihm fiel ein Schilfboot in die Augen. Darin lagen jedoch ein toter Mann und eine tote Frau. Drei Kinder saßen da und weinten. „Seeräuber haben unsere Eltern umgebracht", berichtete der Junge. „Das Fischernetz und das Segel haben sie uns geraubt."

Einen Augenblick dachte Silbermond an den Rat seines Bruders: „Schau nicht links, schau nicht rechts, scher dich nicht drum." Aber dann taten ihm die Kinder Leid. Er begrub mit ihnen die Toten und tauschte bei anderen

Fischern das kostbare Armband aus Jade gegen ein Netz und zwei Segel.

Zum Dank halfen ihm die Kinder ein großes Schilfboot zu bauen. Doch das dauerte seine Zeit und Silbermond konnte erst nach sieben Monaten aufs Meer hinausfahren, dorthin, wohin der weiße Stern ihn führte. Lange, lange sah er nichts als Wasser. Endlich gelangte er an eine ferne Küste. Er hörte, dass hinter der Küste eine große Wüste lag. Eine Karawane war wenige Tage zuvor losgezogen. Da gab Silbermond sein Schiff für ein Kamel und ritt los. Wochenlang zog er von Wasserstelle zu Wasserstelle. Schon war er der Karawane nahe gekommen, da gelangte er an eine Oase. Dort herrschte große Trauer. Die Männer der Karawane hatten einen jungen Mann geraubt. Den wollten sie in Ägypten als Sklaven verkaufen. Am folgenden Abend holte Silbermond die Karawane ein. Er gab all sein Gold hin und kaufte dafür den jungen Mann und ein Kamel. Darauf setzte er den Jungen und ließ ihn zu seiner Oase zurückkehren. Er selbst aber begleitete die Karawane bis nach Ägypten. Dort hörte er von einem neuen König, der im Judenland geboren worden sein sollte. Also zögerte er nicht und folgte dem Stern. Kaum aber hatte er das Judenland erreicht, da verblasste der Stern am Himmel. Überall fragte Silbermond nach dem König der Könige, doch keiner konnte ihm eine genaue Auskunft geben. Silbermond war schon viele Jahre unterwegs, als er eines Tages in Galiläa in ein Dorf mit Namen Kana kam. Dort wurde gerade eine Hochzeit gefeiert. Silbermond hatte Hunger und bat um Brot. Der Küchenmeister wollte den alten Bettler forttreiben, aber der Bräutigam lud Silbermond ein ins Haus zu kommen. Es war keine reiche Hochzeit. Der Wein ging aus. Ja, die Braut trug nicht einmal Brautschmuck. Silbermond sah, dass sie darüber sehr traurig war. Da nahm er den Schmuck, den seine Mutter ihm gegeben hatte und legte ihn der Braut um den Hals.

Jetzt war er ganz und gar arm, wirklich ein Bettler. Er ging in den Garten. Die Diener kamen heraus und füllten sechs große Krüge mit frischem Wasser. Silbermond half ihnen das Wasser aus dem Brunnen zu schöpfen. Die Diener trugen die Krüge wieder ins Haus. Da trat ein Mann hinzu. Er war etwa 30 Jahre alt. Er sagte den Dienern, sie sollten dem Küchenmeister etwas von dem, was in den Krügen war, zu kosten geben. Das taten sie. Augenblicklich kam der aus der Küche gerannt und rief: „Was für einen herrlichen Wein habt ihr mir gebracht." Silbermond blickte zum Abendhimmel hinauf. Da strahlte nach langen Jahren zum ersten Mal wieder der weiße Stern hell und klar. Silbermond schaute auf den Mann, dem sogar das Wasser gehorcht hatte und zu Wein geworden war. Er wusste mit einem Male ganz sicher, dass er am Ziel angekommen war. Er jubelte auf und rief: „Der, der die Sterne lenkt, der hat mich nicht in die Irre geführt." Er schlich sich zu dem neuen König, berührte ganz heimlich sein Gewand, beugte seine Knie und huldigte ihm. Da erfüllte ihn eine große Freude ganz und gar und er rief aus: „Meine Augen haben das Heil geschaut!"

Willi Fährmann

Anhang

Bastelanregungen und Rezepte auf einen Blick

Bastelanregungen

Rezepte

Quellennachweis

S. 10f., Iris Mainka, Zwischen irgendwann und Weihnachten, abgedruckt mit freundlicher Genehmigung der Autorin, (Überschrift redaktionell verändert, Originaltitel: Fährt Jesus Schlitten?). - **S. 14f.**, Gudrun Mebs, Keine Gefahr für Zwerge, aus: Das große Adventskalenderbuch (Hg. Hannelore Westhoff), © Gudrun Mebs c/o Deutscher Taschenbuch Verlag, München 2003. - **S. 17**, Überraschungs-Tüten, aus: Birgit Utermarck, Adventskalender, © Verlag Herder, Freiburg im Breisgau ²2003. - **S. 22f.**, Ingeborg Pilgram-Brückner, Wie aus dem Nieswurz die Christrose wurde, aus: Dies., Sternschnuppen vom Nikolaus, 20 Adventskalender-Geschichten © 1999 J. Ch. Mellinger Verlag GmbH, Stuttgart ²2000. - **S. 24**, Hermann Hesse, In Weihnachtszeiten, aus: Hermann Hesse, Sämtliche Werke, Bd.10: Die Gedichte, © Suhrkamp Verlag, Frankfurt 2001 - **S. 32ff.**, Willi Fährmann, Manchmal sprechen sie noch, abgedruckt mit freundlicher Genehmigung des Autors. - **S. 40f.**, Sankt Nikolaus aus Mini-Tontöpfen, © frechverlag 2003 – TOPP 3176 – „Mini-Tonis Weihnachten" von Armin Täubner. - **S. 46-51**, Antonia Ridge, Jan und seine Holzschuhe, aus: Der Sturm im Brunnen (Hg. Berta Hofberger), München o. J. (gefunden in: Die schönsten Weihnachtsgeschichten (Hg. Von Marianne Mehling) Droemer Knaur München/Zürich 1977, S. 165 ff. - **S. 56-59**, Nanna Reiter, Zweierlei Licht, gefunden in: Die schönsten Weihnachtsgeschichten, Hg. Von Marian Mehling, Droemer/Knaur München/Zürich 1977, S. 9ff. - **S. 60**, Wilhelm Willms, Lichteinfall, aus: Uwe Seidel, Fällt ein Stern aus der Bahn, © tvd-Verlag, Düsseldorf 1984. - **S, 66f.**, Ingeborg Pilgram-Brückner, Schimmerchen, aus: Dies., Sternschnuppen vom Nikolaus, 20 Adventskalender-Geschichten, ©1999 J. Ch. Mellinger Verlag GmbH, Stuttgart ²2000. - **S. 75**, Anna Strobl, Sich für den Advent vornehmen, aus: Edith Maria Prieler (Hg.), Weihnachten und mehr. Geschichten. Feiern. Wissenswertes © Styria Verlag, Graz 2002. - **S. 76ff.**, Herbert Rosendorfer, Brief eines Mandarins des 10. Jahrhunderts aus dem heutigen München, aus: Ders., Briefe in die chinesische Vergangenheit, © by Nymphenburger in der F.A. Herbig Verlagsbuchhandlung Gmbh, München 1987. - **S. 88f.**, Tilde Michels, Antonio, aus: Dies., Im Winter und zur Weihnachtszeit, Geschichten und Bräuche © by Edition Bücherbär im Arena Verlag GmbH, Würzburg 2002. - **S. 98f.**, Gina Ruck-Pauquèt, Raiko und der Stern, abgedruckt mit freundlicher Genehmigung der Autorin. - **S. 102f.**, Leuchtender Fensterstern, © frechverlag, Stuttgart 2001 – TOPP 2826 – „Leuchtende Fenstersterne" von Sigrun Syttkus. - **S. 114ff.**, Hans Peterson, Malins Weihnachtsgeschenk, © Verlag Friedrich Oetinger, Hamburg. - **S. 120**, Elisabeth Borchers, Der schönste Tag, aus: Das Adventsbuch, © Insel Verlag, Frankfurt 1979. - **S. 121**, Heinrich Hoffmann, Am Weihnachtsmorgen, aus: Das schönste Fest. Gedichte, Lieder, Geschichten und Gebräuche rund um Weihnachten (Hg. Juliane Metzger), © Annette Betz Verlag, München 1970. - **S. 122**, Helmut Zöpfl, Weihnachtswünsche, abgedruckt mit freundlicher Genehmigung des Autors. - **S.124f.**, Geschenkpapier und Geschenkanhänger, Aus: Basteln mit Papier. Grußkarten, Fotoalben, Briefpapier, Geschenke, Bassermann Verlag 2003. - **S. 126f.**, Rudolf Otto Wiemer, Der uralte Hirte von Bethlehem, Aus: Christine Razum (Hg.): Nach Bethlehem – wohin denn sonst? © Friedrich Reinhardt Verlag, Basel 1995. - **S. 131**, Abbildung, abgedruckt mit freundlicher Genehmigung von Herrn Pfarrer Ulf Schlüter, Dortmund. - **S. 136**, Toon Tellegen, Brief an die Sonne, aus: Ders., Briefe vom Eichhorn an die Ameise. © 2001 Carl Hanser Verlag, München, Wien. - **S. 141**, Joachim Ringelnatz, Was würden Sie tun, wenn Sie das neue Jahr regieren könnten? aus: Ders., Das Gesamtwerk in sieben Bänden, © Diogenes Verlag AG, Zürich 1994. - **S. 152f.**, Willi Fährmann, Roter König, weißer Stern, abgedruckt mit freundlicher Genehmigung des Autors.

Fotos auf den Seiten 19, 20, 24, 25, 26, 42, 43, 60, 61, 62, 64, 65, 68, 69, 74, 75, 80, 83, 90, 91, 95, 97, 103, 108, 109, 110, 130, 132, 133, 139, 140, 141, 149, © Wolfgang Kabisch, Gütersloh, alle anderen Abbildungen aus dem Verlagsarchiv.

155

Bibliografische Information Der Deutschen Bibliothek
Die Deutsche Bibliothek verzeichnet diese Publikation in der
Deutschen Nationalbibliografie; detaillierte bibliografische
Daten sind im Internet über http:\\dnb.ddb.de abrufbar.

ISBN 3-579-07200-5
© Gütersloher Verlagshaus GmbH, Gütersloh 2004

Umschlaggestaltung: Init GmbH, Bielefeld (Motiv links oben, © Corbis, Düsseldorf)
Reproduktion: MohnMedia, Mohndruck GmbH, Gütersloh
Druck und Bindung: Těšínská Tiskárna, Česky Těšín

Printed in Czech Republic

www.gtvh.de